相続した田舎の困った不動産の問題解決します

おひさま不動産
渋谷幸英

はじめに

この本を手にして下さって、本当にありがとうございます。本書は、田舎の不動産の処分にお困りの方、処分を検討したけれど不動産屋に断られて諦めてしまった方、処分したいけれどどうすればよいのかわからない方に向け、解決の一助となればとの思いから、私が知っている解決方法を書きました。

最近、『田舎の困った不動産』を何とか処分しようとして頑張っておられるシニアの方々が増えてきました。バブルのころに投資用として買った田舎の土地や、相続したけれど使う予定がない実家や田畑、山林など、『田舎の困った不動産』の処分問題は、もはや他人ごとではありません。少子化の今、残されても嬉しくはない不動産を相続しなくてはならない子ども世代も、着実に増えているのです。こうした不動産を相続してしまったシニアたちは、自分の子ども世代にまで〝負の遺産〟を残さないために、必死に頑張っておられます。

ところが、不動産は、買うよりも売る方がずっと難しいものです。すぐに売れればいいのですが、なかなか売れなければ不安になり、ストレスが溜まっていきます。特に田舎の不動産の場合、都心の不動産にはない売りづらさがあります。それは需要がそもそも少ないという問題ばかりではありません。そのまますんなり売ることができない不動産が、ほとんどなのです。

例えば、地目に農地（田・畑）が混じっていれば農地を農地以外の地目に変えられない限り、農家にしか売ることができません。また、田舎では建物を登記していないお宅が多いのですが、未登記のままでは買主が住宅ローンを使えない、という問題もあります。ほかにも、軒や塀など、建物の一部が道路や隣地にはみ出している家が多いという問題があります。この場合も、買主が住宅ローンを組むことはできません。

田舎の不動産を売るにはこうした問題を一つ一つ解決していく必要があります。ところが、これほど面倒なのにもかかわらず、不動産売買の仲介手数料が安いため、売却を頼みに行っても不動産屋に断られてしまうことも少なくありません。

不動産売買の仲介手数料は宅建業法で上限が決められており、かかった手間暇ではなく、売買価格によって決まります。ですので、田舎の安い不動産を売っても、労働の対価に見合わないほど安い仲介手数料しか得られない場合が多いのです。こうしたことから、田舎の困った不動産を処分しようとしても、不動産屋に断られてしまうケースが後を絶ちません。そして、こうした方々が最後にやってくるのが、畑の真ん中で開業する私のところです。

ここで少しだけ、私の経歴を紹介させて下さい。私は、千葉県・成田空港から車で10分ほどの場所にある、多古町という小さな町で不動産屋を営んでいます。不動産屋を始める前、私は普通の主婦でしかありませんでした。33歳で結婚するまでは経営コンサルタントとして働いていましたが、体調を崩して会社を辞めてから不動産屋を始めるまでの15年間は、ずっと主婦業に専念しておりました。

というとちょっと優雅に聞こえるかもしれませんが、現実は違います。一度会社を辞めてしまった私を雇ってくれる会社は、ただの一社もなかったのです。私は、経営コンサルタントの国家資格である中小企業診断士の資格を持っていましたが、それがかえって仇となり、面接に行っても「そんなに優秀な人を雇えません」と嫌味を言われ、雇ってもらえなかったのです。

その後の私はというと、アパートを2棟所有して大家業をしていた以外は、どこにでもいる主婦と変わらない生活をしていました。

ところが50を目前にした47歳の時、このまま終わってしまうのだけは絶対に嫌だ、もう一度働きたいとの強い思いから、一念発起して宅地建物取引士の資格を取り、48歳の時に宅建免許を取得しました。そして無謀にも、何の経験もないまま、不動産屋を始めたのです。しかも開業した場所は駅前でも大通りでもなく、畑の真ん中の自宅です。

そんな中でもがむしゃらに頑張っているうち、お陰様でお客様は増えていき、たくさんの不動産を売らせていただくことができました。といっても、区画整理されたきれいな新築物件や駅近のマンションなどではなく、それらのほとんどすべてが、すんなりとは売れないものばかりでした。それでも、売るしかありません。開業したてで、かつ畑の真ん中の不動産屋である私のところには、どこの不動産屋もやりたがらない仕事しか回ってこなかったからです。

道路にも面していないただの斜面を売ったこともありましたし、お隣の家や道路に、軒や汚水桝、外水栓など、なんでもかんでもはみ出し放題の家を売ったこともありました。空室だらけのアパートを売った時は、満室にするところから始めなくてはなりませんでした。やくざのような人が嫌がらせをしている、事業用の物件を売ったこともありました。でも、私にはそんなことにひるんでいる余裕などなかったのです。与えられた有り難い仕事を一つ一つ大切にこなしていくことだけが、私が生き残る唯一の道でした。

開業して間もない私が僭越ながら本書を書こうと思ったのは、今、田舎では、処分に困った不動産を持った方たちが、大勢いらっしゃるからです。そして、単に不動産屋に断られたというだけの理由で、売却を完全に諦めてしまっているのです。私は、こうした状況を何とかしたいと思い、これまで畑の真ん中で頑張ってきました。本を書くことで、より多くの方々に、田舎の困った不動産を売却する方法をお伝えできればと思ったのです。

未経験の主婦から起業して始めた不動産屋だからこそ、よい意味での〝素人目線〟で、私が知り得た、『田舎の困った不動産』の処分方法をお伝えできるのではないか、との思いもあります。田舎の不動産の処分にお困りの売主さんに近い目線でわかりやすくお伝えできるかもしれないし、そうしたいと思いました。

それともう一つ、この本を書こうと思った理由があります。それはちょっと大げさかもしれませんが、田舎の不動産の処分を進めることは、日本という国の国土を守り、活性化していくために大事だと思うようになったからでもあります。

田舎には、土地を相続しないまま放置している方が結構いらっしゃいます。先日売ろうと思った600坪の土地は、明治時代の人の名義で登記している15坪ほどの土地の奥にありました。そして、たったそれだけのために、売ろうとしていた600坪の土地が売れなかったのです。

どういうことかというと、法律の関係で、奥の土地だけ買っても道路に面している部分がないため、家が建てられないのです。家を建てるには、その明治の方の土地と奥の土地とを一緒に買う必要がありました。ところが明治の方はすでに亡くなっています。このため、相続人全員を探し出すところから始めなければ、土地の買い取り交渉をスタートできないのです。それには膨大なお金と時間がかかります。このため、せっかく購入希望者がいたのに、600坪の土地は売却できませんでした。

このような問題を抱えた土地が、田舎には多数存在します。相続もせず、いつの時代の人かわからない人の名義のままにしているケースが多いのです。何世代か相続しないまま放置していると、最終的には誰のものかわからないような土地になってしまいます。当然のことながら、誰のものかわからない土地を売ることはできません。国でさえ、私有財産を侵すことはできませんから、誰も手出しができない土地になってしまうのです。

こうした土地が増え続ければ、地域のために土地を有効活用していく上でも、国土を守っていく上でも妨げになります。私が本書を出版することで、こうした問題があることも知っていただけたら、と思いました。知っていただくことこそ、解決への第一歩になると思うからです。

本書が、田舎の不動産の処分をしたい方にとって少しでもお役に立てればと思います。そして、田舎の不動産特有の問題解決に向けて、ほんのわずかでも風穴を開けられれば望外の幸せです。

おひさま不動産　渋谷幸英

第4章　不動産屋に行く前に、絶対に知っておきたい不動産取引の仕組み

〈本書で取り上げている事例について〉

本書では、田舎の不動産売却が実際にどのようなものなのかをリアルにお伝えしたいとの趣旨から、事例を豊富に取り入れています。

ただし、事例に登場する売主さんはすべて仮名です。また、個人を特定できないようにするために、状況設定を変えたり、複数の売主さんの事例を混ぜ合わせて一つの事例にしたりしています。また、個々の事例における売買価格については、すべて実際とは近い価格であるものの実際の価格とは違います。

上記の点をあらかじめご了承の上、お読み下さい。

◆お読みいただく前に～
権利書（登記識別情報）の見方について

この本をお読みいただくにあたり、まずは権利書の見方を簡単に説明したいと思います。

★まずは「地番」という概念を頭に入れる

最初に「地番」という概念を頭に入れて下さい。地番というのは法務局が管理している土地の単位ごとに割り振る番号のことです。そして土地の単位は〝筆《ひつ》〟という聞きなれないものです。まあ、動物ならば1匹、2匹、鳥ならば1羽、2羽と数えるところを、土地ならば1筆、2筆と数えるのだとお考えいただければそれで結構です。

例えば次ページの図解のお宅の場合は、見た目には一体の土地ですが、法務局で管理している土地は一つではなく四つの単位で管理しています。1番1、1番2、2番1、2番2という4筆です。

【地番は法務局で管理している土地の単位】

たとえば……

あなたの目で見ると一つの土地に家が立っている

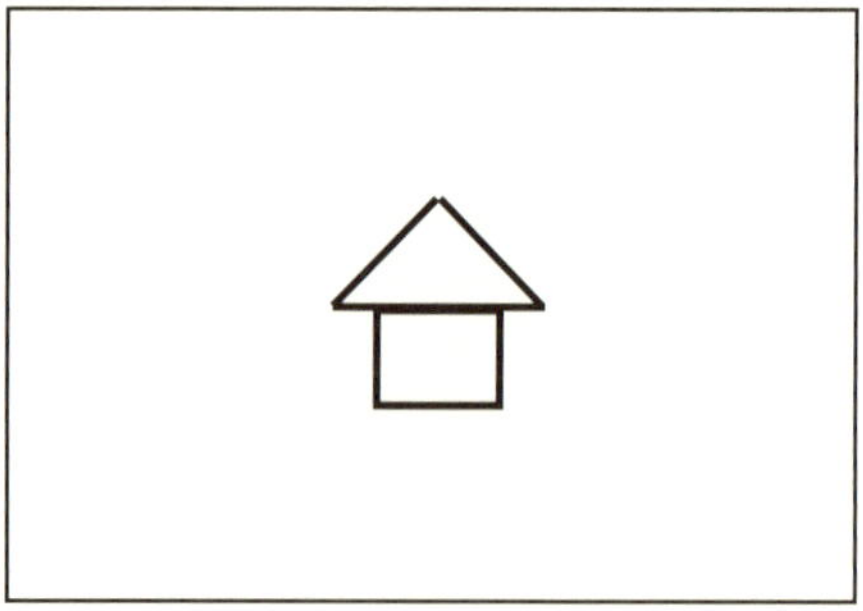

でも

↓

法務局が管理している
あなたの土地は四つある！

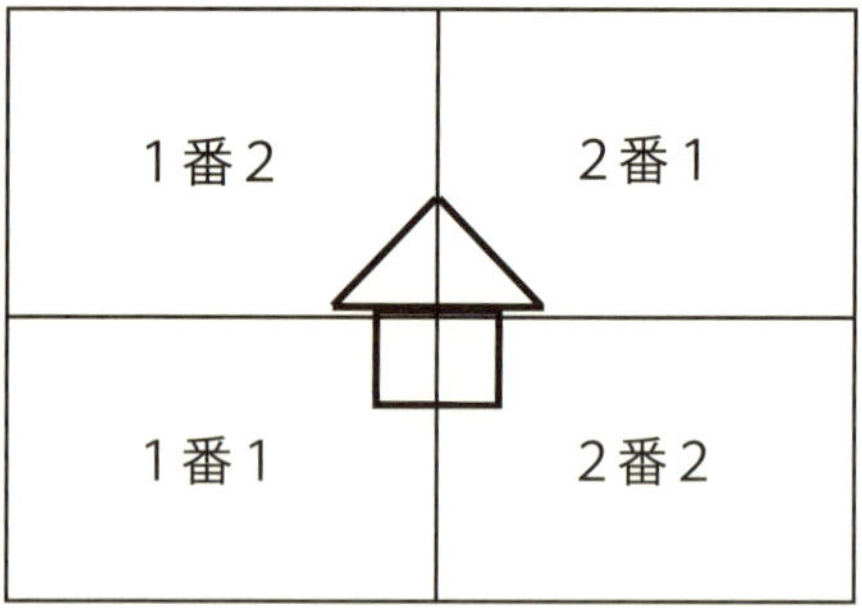

★権利書（登記識別情報）の見方

　ここまでご理解いただいたところで、あなたが売りたい、あるいは処分したいと思っている不動産の権利書（登記識別情報）をお手元にご用意下さい。

　権利書を見れば、あなたの土地の面積と地目、そして建物を登記している場合には、建物をいつ建てたのか、どのような構造で広さがどれだけあるのか、といった情報が得られます。

　ちなみに平成17年に不動産登記法が改正され、昔ながらの「登記済権利書」の代わりに「登記識別情報」が発行されることになりました。ただし本書ではこれ以降、どちらなのかを書き分けることなく、すべて「権利書」という表現で統一させていただきます。

①登記済権利書（古いタイプの権利書）の見方

　古いタイプの「登記済権利書」は、一言でいうと〝見づらい〟、〝わかりづらい〟のが特徴です。中のページを開くと漢字の壱、弐などの古めかしい数字で地番が記載されていたり、印鑑がべたべたと押してあったりします。それだけでもわかりづらいのに、文字が消えかけていたりもします。

【登記済権利書】

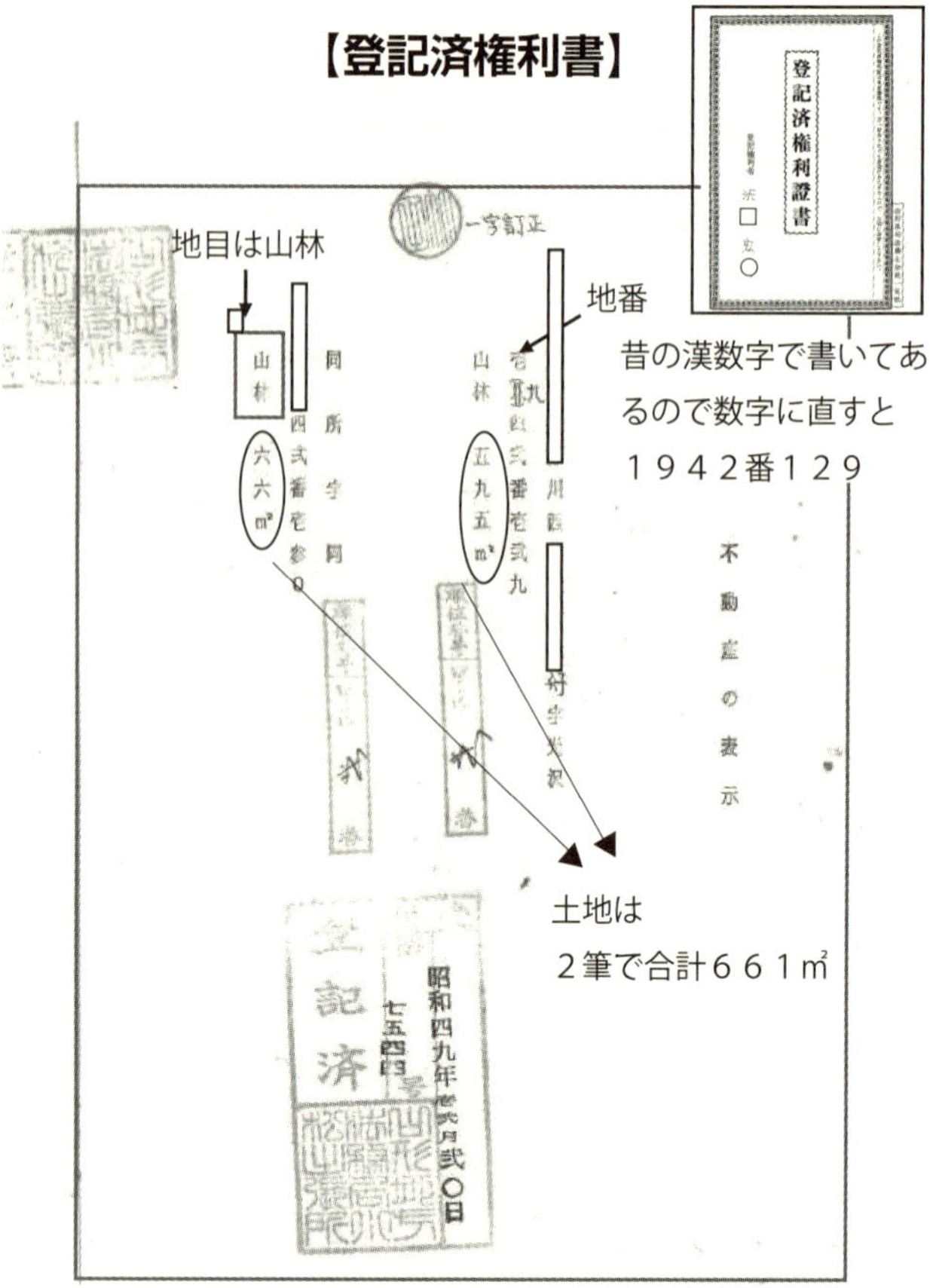

図のような古い権利書は文字がかすれていて見えにくい場合もあるが、難しい漢字を数字に直せば面積や地番がわかる。

【登記識別情報】

登記完了証（電子申請）

次の登記申請に基づく登記が完了したことを通知します。

申請受付年月日	平成２７年１０月２０日	
申請受付番号	第１５００７号	
登記の年月日	—	
不動産	土地	不動産番号　０４０５０００５６０６４４ 香取郡多古町飯笹字永井芝１０９３番９１ 宅地 １０８・４０平方メートル
	土地	不動産番号　０４０５０００５６０６４５ 香取郡多古町飯笹字永井芝１０９３番９２ 山林 ２５平方メートル
	建物	不動産番号　０４０５０００６１２０９４ 香取郡多古町飯笹字永井芝１０９３番地９１ 家屋番号　１０９３番９１ 居宅 木造亜鉛メッキ鋼板葺２階建 1階　３９・７４平方メートル 2階　３５・６０平方メートル
申請情報	登記の目的	共有者全員持分全部移転
	原因	平成２７年１０月１９日売買
	権利者	香取郡多古町飯笹１９０９番地 株式会社おひさま不動産 代表取締役　渋谷幸英 登記識別情報通知希望の有無：送付の方法による交付を希望する
	義務者	埼玉県日高市 埼玉県日高市 埼玉県日高市
	添付情報	登記原因証明情報（送付）（ＰＤＦ） 登記済証（送付） 印鑑証明書（送付） 住所証明書（省略） 代理権限証書（送付） 資格証明書（省略） 登記識別情報提供
	平成２７年１０月２０日申請 千葉地方法務局匝瑳支局（登記所コード：０４０５）	
	代理人	千葉県香取市 司法書士
	課税価格	内訳

1／2頁

では、この権利書を見て、自分の土地の地番と面積を知るにはどうしたらよいのでしょう?

それにはまず、小難しい漢字で書かれている地番を数字に置き換えます。これで地番がわかります。

面積を知るには、地番ごとの面積を合計します。地番は一つとは限らず、複数の場合があるので、この点に注意して下さい。

最後に地目《ちもく》についてです。地目というのは法務局が認めた土地の用途のことです。地目が「宅地」ならば建物を建てるための土地ですし、畑ならば作物を作るための土地といった具合です。地目は権利書に記載されています。

②登記識別情報の見方

あなたがお持ちのものが登記識別情報であれば、見方は簡単です。中のページを開き、先ほど解説した「登記済権利書」と同じようにして土地の面積や地目を知ることができます。

P26 上

草ボーボーで立ち入れない山林。
どのような土地なのか全くわからない。（P78【ケース 6】参照）

P26 下

放置し続けた土地はゴミだらけ。便器まで捨ててある。
（P72【ケース 5】参照）

P27 上

家の中に荷物が散乱している状態。相続の場合、片づけずにそのまま売る方も多い。（P151【ケース 9】参照）

P27 下

放置し続けていた土地を売ろうとしたら、お隣さんが家庭菜園をやっていた。（P65【ケース 2】参照）

1章

田舎の不動産の処分は、孫子の代に負の遺産を残さないために必須の相続対策

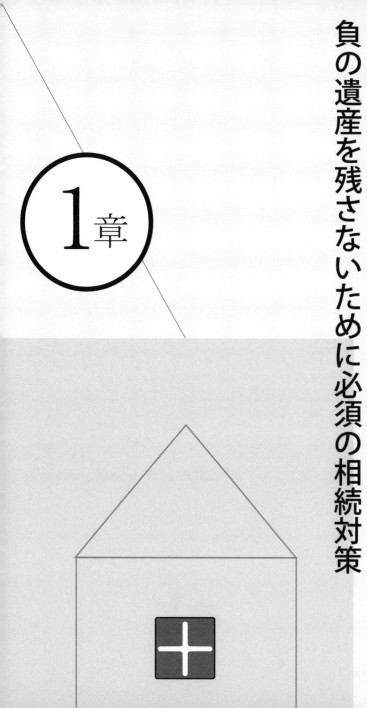

◆田舎には田舎の相続対策がある

平成27年1月1日以降の相続から、相続税が増税になりました。新聞や雑誌、テレビなどで報道されていたので、ご存知の方も多いことでしょう。これまで相続とは無縁だった人までも、相続税対策をしなければと思った方も少なからずいらっしゃったのではないでしょうか？

一般的に相続対策というと、いかに相続税を払わないで済ませるか、という意味での相続税対策かと思いますが、田舎の畑の真ん中から見えてくる相続対策は、世間一般の相続対策とはかけ離れたものです。

いかにして、不要な不動産を処分するか？

いかにして、税金ばかりかかって何の役にも立たないお荷物の不動産を、孫子の代に残さずに済ませるのか？

私の周りでは、このような、〝もう一つの相続対策〟が、世間を賑わすこともなく、静かに行われているのです。タワーマンションの購入などといった、都心の華やかな相続税対策とは真逆の、地味な相続対策です。でも、売主さんの思いは切実です。「自分の体が動くうちに」「頭がしっかりしているうちに」と言って、60代以上の売主さんたちは、今日も頑張っているのです。なんとかして、孫子の代に負担をかけるような土地や建物を売ろうとして、必死になっています。
これからご紹介する望月伸子さんのケースは、親御さんが実家を残したまま亡くなった結果、兄弟3人で相続しました。このため10年もの間売れない状態が続き、最終的には不動産業者（当社ですが）に安く買い取ってもらうほかなくなったのです。

【ケース1】
兄弟3人で実家を相続したために、安く不動産屋に買い取ってもらうしかなくなってしまった望月伸子さんの場合

望月伸子さんは、亡くなったご両親の実家を兄弟3人で、下図のように相続しました。

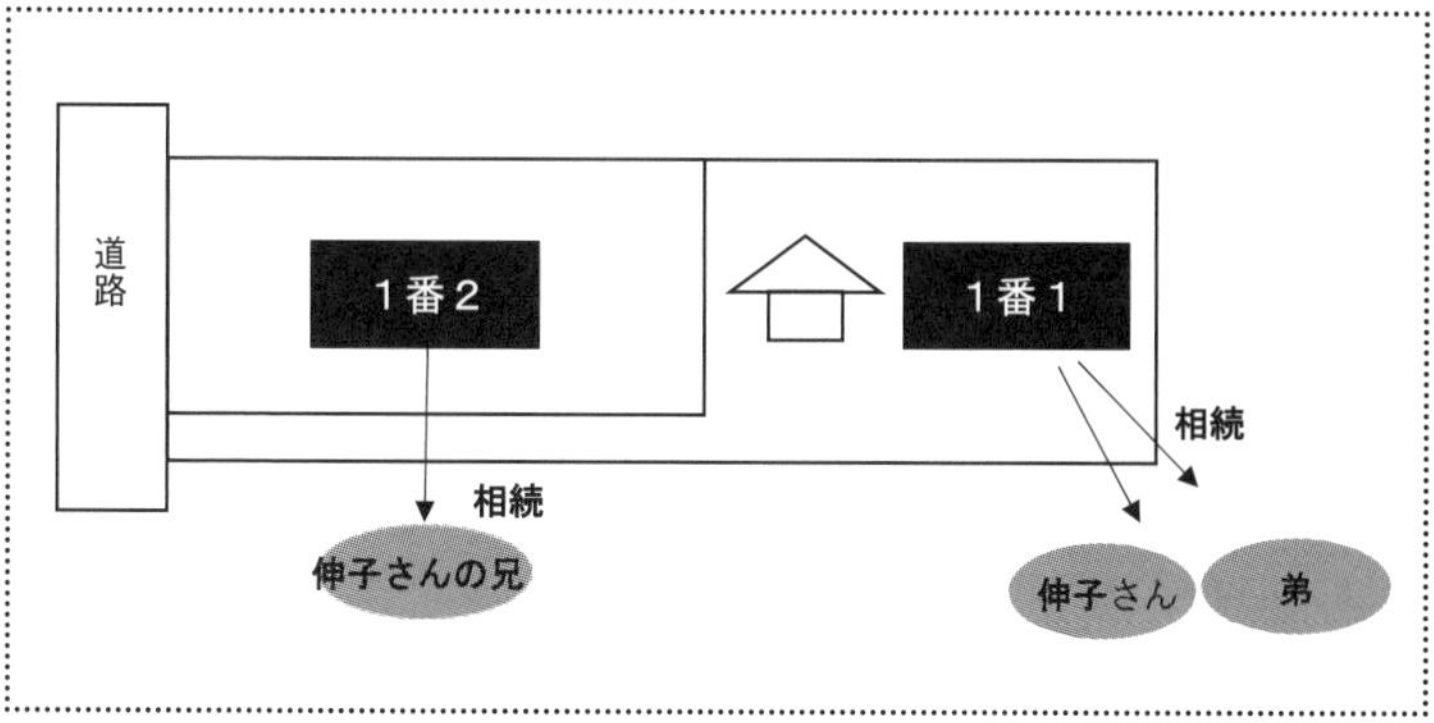

★兄とほかの相続人の意見が合わず、その結果10年経っても実家が売れない

伸子さんの実家は、地続きになった1番1と1番2の土地があり、そのうち1番1に家が建っています。この家と土地を伸子さんたち3人の相続人が相続してから、すでに10年の歳月が経ってしまいました。

なぜそんなに時間が経ってしまったのかというと、相続した際、お兄様が自分で高く売ると言ってきかなかったので、伸子さんと弟は仕方なく、お兄様にすべてを一任していたのです。

ところが、待てど暮らせど、売れたという知らせはきません。しびれを切らした2人は、お兄様に「いくらでもいいから売れる価格で売りましょう」と提案しました。ところがお兄様は、「ただでさえ安くしか売れないというのに、もっと安くして3人で分けたら、取り分がなくなってしまうではないか」と言って、聞く耳を持ちません。

こうして10年はあっという間に過ぎ、家はもう誰も買い手がつかないほど荒れ果ててしまったのです。

ちなみに、望月さんの実家はこの時、次ページの写真のような状態でした。

つる性の雑草で覆われる家

玄関まで到達できないほど
生い茂る雑草

家の中はボロボロでカビくさい

それでもこのお宅は
荷物がない分まだよい

このままでは売却が難しいと考えた望月さんは、いくらでもいいからとにかく処分してほしいと近所の不動産屋に頼み込んだのです。

この不動産屋から私のところに電話がかかってきたのは、私の事務所から車で5分もしない場所に伸子さんの実家があったからです。

すぐ見に行ってみると、玄関まで到達するのも大変なほど草木が生い茂っていて、ヤブ蚊がブンブン飛んでいます。家の中は前ページの写真の通り、荒れ果てていました。

それでも結局、私は伸子さんの家を買うと決めました。ただ、その後が本当に大変でした。以下が、その際の伸子さんと私とのやり取りです。

《望月伸子さんの実家を買い取ると決めた後の会話内容より》

望月さん「実は、ご相談なのですが……」

私「はい、何でしょう?」

望月さん「兄が安くなってしまうから不動産屋に買い取ってもらうのは嫌だと言い出したのです」

私「そうですね。確かに普通に売りに出した方が高く売れるでしょうからね。でしたら、普通に売りに出してみますか?」
望月さん「えっ? それは困ります! そうやって10年も経ってしまったのです。あんなに荒れ果ててしまったのに、売れるとは思えません。それにせっかく買うという人が現れても、兄が何だかんだ言ってきて売れなくなってしまうかもしれません。実際にそういうことも何度かあったのです」
私「そうですか。でも、うちで買い取るとしても、同じ問題は残るのではないですか?」
望月さん「ええ、実はそれが今日相談したかったことなのです」
私「と言いますと?」
望月さん「実は、兄の名義になっている1番2の土地は売らないで、1番1の土地とその上に建っている家だけを売りたいのです」
私「んー……、それは厳しいですね」
望月さん「どうしてですか?」
私「1番1の土地は道路と2mギリギリしか接していなくて間口が狭すぎます。駐車場を作れなくはないとしても、借り手がつくかどうかは疑問です。うちは望月様のお宅を購入したら、リフォームして貸しに出す予定ですので、借り手がつかないと困ってしまうのです」
望月さん「でも、兄の敷地との間に塀があるわけではないので、車庫入れの時に塀にぶつかるという心配もないとは思うのですがね」

私「でも、お兄様の敷地の一部を通って車庫入れするようでは、後からいざこざが起こる可能性があります」
望月さん「そうですね。わかりました。兄のことは私がもう一度説得してみますので、少しお時間をいただけないでしょうか？」
私「かしこまりました」

それから1週間ほどして、伸子さんから電話がありました。

「兄を説得しましたので、売ることにしました」とおっしゃる伸子さんに、私はどうやって説得したのか尋ねました。伸子さんによると、自分と弟はお金にはまったく困っていないので、売買代金のすべてをお兄様に渡すということで合意したとのこと。

伸子さんと弟さんがそこまでして実家を処分したかったのは、固定資産税の負担はもちろんのことですが、心の負担を取り去りたかったためだそうです。この10年間、売れずに荒れ果てていく実家の処分がうまくいかないことが、心に重くのしかかっていたと、伸子さんは話してくれました。

その後、私は伸子さんの実家をきれいにリフォームし、今は入居者が住まわれています。

◆認知症の親御さんの不動産は勝手に売れない

★認知症の親御さんの家を売るには法定後見制度を利用する

最近増えているのが、親御さんの自宅を売りたいという中高年のお子さんからの問い合わせです。当然のことながら、たとえ親子といえども、人の不動産を勝手に売ることなどできません。ましてや自宅ならなおさらです。

ところが彼らは口々に、「親は売っていいって言っていたから」とおっしゃいます。そこで、「それならば不動産の所有者である親御さんと直接お話したい」というと、「いや、今は家にいないから」といった返事が返ってきます。

よくよく聞いてみると、親御さんは認知症になってしまい、施設に入っているという場合が多いのです。それならば法定後見人をつけなければ売れないと説明すると、中高年のお子さんたちは、皆驚きます。

親御さんが認知症になってしまった場合、認知症になる前に家を売っていいと言っていたとしても、お子さんが勝手に親御さんの家を売ることはできません。家を売るにはまず、裁判所に申し立てをして、法廷後見人を選任してもらわなくてはなりません。しかも、親御さんの実家を売るのであれば、親御さんのためにお金を使うという目的でなくてはなりません。例えば親御さんを施設に入れるためにお金が必要だというような場合です。

ちなみに、将来認知症になってしまうなど、判断能力が衰えてしまった場合に備える制度として、任意後見制度があります。この制度を利用すれば、自分が本当に信頼している人に自分自身の意思で後見人をお願いすることができます。

【成年後見制度の概要】

◎法定後見制度

すでに本人の判断能力が不十分な場合のための制度。

(1)家庭裁判所に申し立てをすることにより、裁判所が後見人を選任。

(2)必ずしも家族が選任されるとは限らず、裁判所は後見人候補者や親族、弁護士、そのほかの中からふさわしい人を選任する。

◎任意後見制度

まだ本人の判断能力がしっかりしている時点で、将来判断能力が不十分になった場合に備えるための制度。

⑴本人が後見人になってほしい人と一緒に公証役場に行き、公証人に任意後見契約公正証書を作成してもらう。

⑵誰を後見人にするか、どんな権限を与えるかは、本人の意思で決める。

【田舎不動産売買よもやま話①】

姉妹共有名義で相続したために、遠方から来る姉の交通費を巡ってトラブルになった話

不動産屋は時に、買主さんが欲しいという物件を探してきて売主さんと交渉し、売買の仲介をする場合もあります。以前、この方法で売買の仲介をした時のことです。売主さん姉妹はちょうど亡くなったお母様から実家を相続したばかりで、使う予定もないのでいずれは売りに出そうと思っていたということで、意外にすんなりと売却に同意して下さいました。

早速契約に向けて準備を進めていたある日、売主の一人であるお姉様から電話があり、「売買代金を妹と二人で分けるのは、納得がいかない」と言い出したのです。お姉様は沖縄に住んでいるので、契約時と決済時にいちいち千葉まで出向くとすれば、それだけで多大な費用がかかってしまうというのです。私はお姉様に、契約にも決済にも来ないで大丈夫だとお伝えしました。きちんと本人確認さえできていて、かつ妹さんに委任状を渡していただけるのであれば、それで契約も決済もできることを説明しました。

それでもお姉様は納得しません。「でも、まだ実家の片づけも終わっていないのよ」

とお姉様はおっしゃいます。片づけのために何回か沖縄と千葉を往復するのだから、その分妹よりも費用がかかる。だから売却代金を妹と二人で分けるのは不公平だというのが、お姉様の主張でした。

「では、妹さんと話し合って、売買代金を二人で納得いくように分けて下さい」と、私はお姉様に言いました。ところがお姉様は、「それは困る」と言って譲らないのです。売りに出してもいない家を買いたいというのならば、交通費ぐらい買主が負担してくれてもよいのではないか、というのがお姉様の主張でした。さすがにそれは難しいと言って説明しても、お姉様は頑として聞き入れてくれません。とにかく、買主に話してみるのが先だとおっしゃるのです。

買主さんにお話したところ、かなりご立腹です。それでも結局はこのお宅をどうしても買いたいということで、交通費の上限を決めた上で、買主さんが費用を負担することになりました。ただその後、買主さんは何かにつけ、売主さんのことを悪く言うようになりました。いちいち私の携帯に電話をかけてきては売主さんの悪口を延々としゃべり続け、しまいには「死ねばいい」とまで言い出すようになったのです。

私は仲介手数料を諦めてでも、この取引はやめるべきだと判断し、「そんなに売主さんが嫌いなら、無理して買わないでもいいのですよ」と買主さんに伝えました。すると買主さんの怒りの矛先は売主さんから私に向くようになり、「私がここを買えなくなったら困ると知っているのに、よくそんなことが言えますね！」と怒り出す始末。

最終的には売却できたものの、本当に後味の悪い取引ではありました。ちなみに、売却のための交通費は基本的にというか常識的に、売主さんの負担となりますので、念のためお伝えしておきます。

2章

こうなってからでは遅すぎる！田舎の不要な不動産を今すぐ処分しなければいけないこれだけの理由

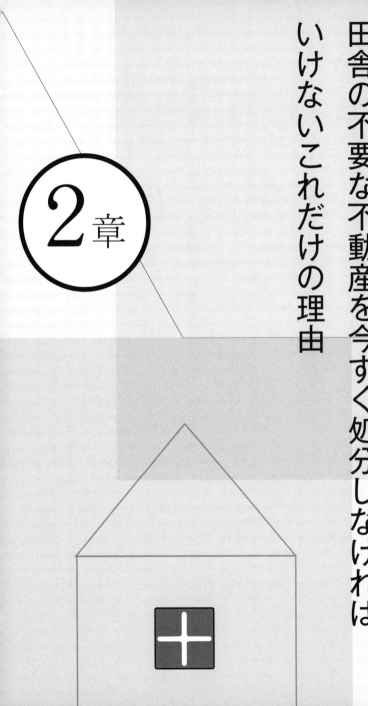

いつか値上がりすることを期待して、田舎の土地を何十年も放置している方が大勢いらっしゃいます。売主さんの中には、売りたい金額を指定してきて、その価格で売れなければ次の機会を待つから、決して値下げはしないでほしい、と言い出す方までいらっしゃるほどです。

でも、日本の人口が減っていく中、客観的に見れば、田舎の土地を放置していても値上がりする可能性はかなり低いと言えます。

それればかりではありません。放置することで新たな問題が発生してしまうのです。

◆危険！　土地だって放置すれば空き家同様、劣化する

土地は建物と違い、朽ちてきたり、シロアリが入ったり、雨漏りがしたり、といったことはありません。でも、だからといって土地としての価値が〝劣化〟しないわけではありません。ここで私がいう土地の〝劣化〟というのは、景気の波などによって土地の価格が上がったり下がったりするようなことではありません。

ではどういうことなのかというと、例えば次のようなことです。

◎買った時は家が建つ土地だったのに、今はもう家は建たない土地になってしまった。

◎宅地になると聞いて買ったはずの畑は、宅地として固定資産税を払い続けてきたにも関わら

ず、実は地目が畑のままだった。
◎買った時はきれいな分譲地だったのに、今は草どころか木まで生えてきて、〝山林〟になってしまっている。
◎買った時は確かに土地の前に道路があったのに、今は草木に覆われて、道路がなくなってしまっている。
◎あなたが買った土地で、誰かがキャベツを作っている！
◎あなたが買った土地を、誰かが勝手に駐車場として使っている。
◎あなたが買った土地に、誰かがトイレを作ってしまった。
◎あなたが買った土地の一部に誰かが砂利を敷いて自分の土地への進入路として使ってしまっている。
◎あなたが買った土地に、どこかの業者が勝手に建築廃材を埋めてしまった。
◎あなたが買った土地に、誰かが洗濯機や冷蔵庫や車まで捨てている！

すべて、本当にあった話です。放置され続けてきた土地は、本当に高い確率で、こうなっているのです。このように、買った時よりも不利な条件でしか売れない土地になってしまうことを、私は土地の〝劣化〟と呼んでいます。

このような土地の持ち主は遠方に住んでいるので、ご自分の土地が劣化していることには気づきません。当社に売却を依頼する際も、大抵はこんな風に言います。

「昔600万円で買った土地があるんだけど、今はもう買った値段では売れないのはわかっています。でも、200万円くらいでは売れるんじゃないのかしら？」

今はネットを見れば、ご自分の近くの土地がだいたいいくらで売りに出されているのかはわかりますので、このようなことをおっしゃるのです。でも、私は現地を見てからしか、価格の査定はしないようにしています。というのは、〝劣化〟している土地があまりに多いからです。

これから、土地の劣化について、具体的な事例を出しながら説明していきたいと思います。これらの中には、売却を断念せざるを得なかったような例が多く含まれていますが、それでも諦めてしまったり、悲観したりはしないで下さい。

というのは、実際に〝売却を断念した事例〟と同じような状況であっても、売れる場合があるからです。時と場合が違えば、結果も違うのが不動産の世界です。また、これらの事例のようにならないためには、今すぐ行動してほしいと思います。そのために、あえて最初に失敗事例をご紹介しております。

◆宅地だと信じて長年固定資産税を払い続けてきたあの土地は、もはや農家に農地としてしか売れない土地になっているかもしれない

もしもあなたが宅地だと信じて毎年せっせと固定資産税を支払い続けてきた土地が、実は畑だったとしたら、どうしますか？　しかもその畑を売る場合は農家に農地として売るほかないとしたら？　そんなバカな話があるはずないとは思いませんか？　でも実際、そんなバカな話がたくさんあるのが、田舎の土地なのです。

毎年送られてくる納税通知書には確かに地目が「宅地」と記載されているにも関わらず、本当は畑だった、という村上修さんのケースをご紹介しましょう。

【ケース2】
宅地だと信じて35年も固定資産税を払い続けた
１００坪の〝畑〟を売りに出した村上修さんの場合

村上修さんは、東京でレストランを何店舗か経営されています。高度成長期からバブルのころ

までは経営も順調で、経済的にも大変豊かでした。そこで余ったお金をあちこちに投資していたのですが、そのうちの一つが当社に売却を依頼された１００坪の土地でした。村上さんは「成田空港ができれば周辺の土地はどんどん上がるから今のうち買っておかないか」という話をどこからか持ちかけられ、勧められるがままに土地を購入しました。それ以来、固定資産税を毎年支払い続けています。その間、何度か売るタイミングもあったのですが、商売が繁盛していたため多忙を極め、土地を売るのを後回しにしてきたのです。ところがバブルが崩壊し、次第に商売の先行きが怪しくなってきました。その時点で土地を処分することも考えたのですが、「今売ればきっと損するだけだ」と思ったので、今まで土地を持ち続けてきたのです。こうして35年はあっという間に過ぎ、村上さんは75歳になりました。そこで、このまま土地を持ち続けていても、もう値上がりする見込みはないし、息子にお荷物になるようなものを残したくないとの思いから、ようやく売却を決意されたのです。

《村上修さんから電話で売却の依頼を受けた際の会話内容より》

村上さん「土地を売りたいんだけど、この前見に行ったらだれかがキャベツ作っちゃっているんだよ。お宅で看板とか立ててもらえるの？」

私「もちろんです。で、場所はどちらですか？」
村上さん「××町＊＊＊なんだけどね、わかりづらいんだよね。手書きの地図と登記簿もあるからファックスしますよ」
私「ありがとうございます」
（ＦＡＸが届く）
私「村上さん、土地の地目は畑になっていますけど、畑を売りたいということですか？」
村上さん「ん？　違うよ、畑じゃなくて宅地だよ！」
私「でも、登記簿上の地目は畑ってなっていますよ」
村上さん「そんなの知らないけどさ、固定資産税の納付書には地目がちゃんと宅地ってなっていて、税金も毎年1万9000円も払っているんだよ」
私「そうですか。実は、役所の税務課が税金を取るための地目と、登記簿上の地目は違う場合があるのですよ」
村上さん「そうなの？　でもとにかく宅地として35年かもっとか、ずっと税金を払い続けているんだから、宅地に決まっているよ」
私「……でも残念ながら、あくまで登記簿上の地目がその土地の地目なので、村上さんの土地は宅地ではなく、農地です。購入された後、地目変更をされていないですよね？」
村上さん「知らないよ、そんなこと。私はただ、投資用にって言われて買っただけなんだから」

私「そうでしたか。それではとにかく、今からでも農地を宅地に転用できるかどうか調べてみますよ」

村上さん「お願いしますね。それと看板もなるべく早く立ててきて下さいね」

★農地転用の許可を得ただけでは地目は農地のまま

農地法では、農地は農家しか買うことができないことになっています。ではいったいなぜ、村上さんが農地を買うことができたかというと、農地を農地以外に使ってもよいという農地法上の許可を得た上で、買ったからです。

でも、許可を得た上で畑を購入すれば、自動的に登記簿上の地目も宅地に変更されるかというと、そうではありません。地目変更という手続きをしない限り、登記簿上の地目はいつまでたっても畑のままです。

それではいったいなぜ、登記簿上の地目は畑なのに、毎年役所の税務課から送られてくる納税通知書の地目は宅地なのでしょうか？　それは、税務課の目的は税金を取るためだからです。農地よりも宅地の方が税金は高いので、当然のことながら自分で手続きなどしなくても、税務課は高く税金が取れる地目＝宅地として課税するのです。

ところが登記簿上の地目は違います。これは法務局の管轄です。そして、税務課と法務局とは連携していません。法務局はあなたの地目が畑だろうが宅地だろうが、それによって税金を取れるわけではないので、あなたの方から申請して地目変更の手続きをしない限り、何もしてはくれません。

村上さんのように、宅地だと信じて固定資産税を払い続けてきたにもかかわらず、実際の地目は畑だった、というようなことが起きてしまうのは、このためです。

そして、このような状態で土地を売りたいと思った時、問題になるのが〝農地は農家しか買うことができない〟という法律上の問題です。村上さんは、宅地として35年も固定資産税を支払い続けてきたのだから自分の土地は間違いなく宅地なのだと主張していますが、その主張は残念ながら通らないのです。

それならば、今からでも登記簿上の地目を宅地に変更すればいいじゃないかと思われるかもしれませんが、それもできません。きちんと宅地として使われているかどうかチェックを受けた上でしか地目変更ができないからです。

★100坪の狭い農地を買ってくれる農家はいない

写真では広大な畑が広がっているように見えるが……

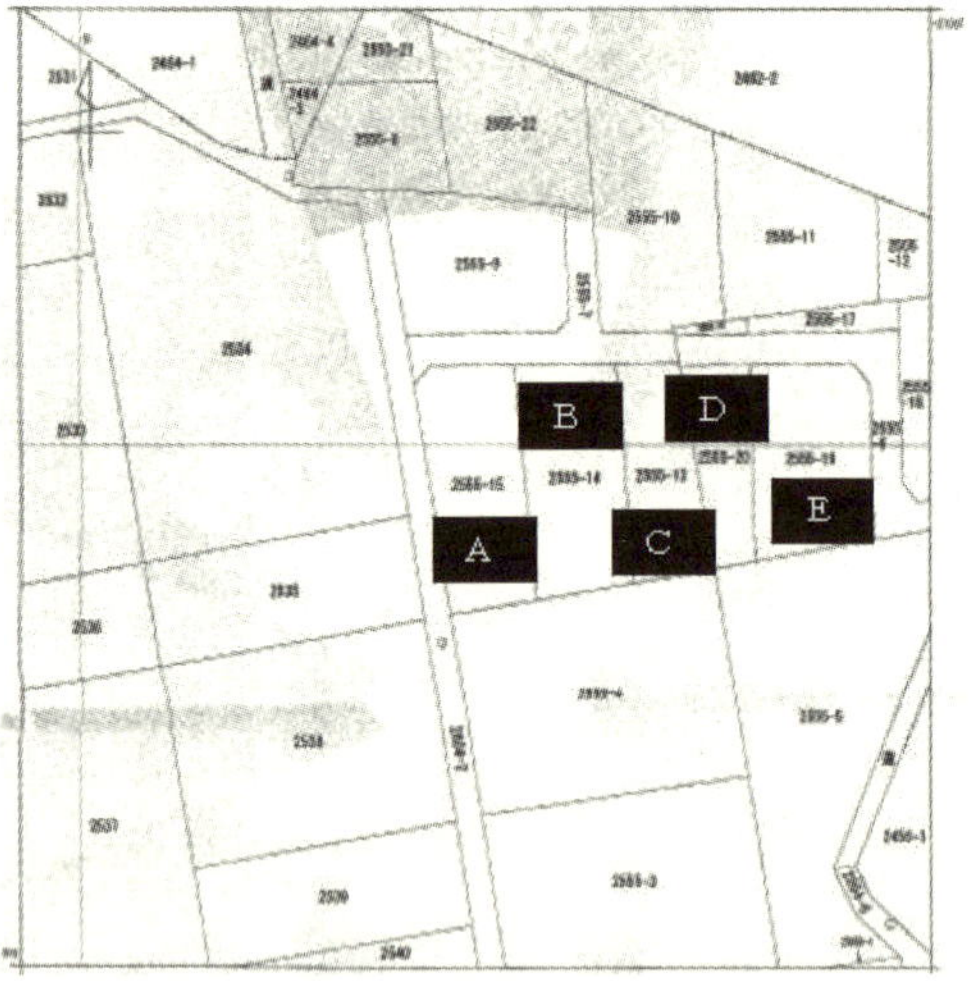

公図を確認すると、所有者はＡ～Ｅの５人いる

ではどうすればいいのかというと、二つの方法があります。一つは、農地は農家にしか売れないのだから、農家に売るという方法。もう一つは、もう一度、農地を農地以外に使ってもよいという法律上の許可を得た上で一般の方に売る方法です。

まず一つめの農家に売る方法ですが、ここでの問題は村上さんの畑が狭すぎることです。１００坪ぽっちの狭い農地を欲しがる農家はいません。今はトラクターをはじめとする機械を使って効率的な農業経営を行っている農家がほとんどですから、非効率な狭い農地など、誰も欲しくないのです。

ただ唯一、狭い農地でも売れる可能性があるとすれば、隣の畑の持ち主に売ることです。ところが村上さんの畑は隣もその隣も、延々と１００坪ちょっとに区画された分譲地でした。購入者はもちろん、農家ではありません。成田空港ができれば周辺の土地がきっと値上がりすると信じた人たちが投資目的で購入した土地（畑）が、見渡す限り延々と広がっていたのです。

右ページの写真の、電柱に近い１００坪ほどの畑が村上さんの畑です。写真では畑が延々と広がっているように見えますが、写真の下の公図に私が黒いマーカーで示したように、所有者は５人います（Ａ～Ｅ）。このうちＥが村上さんの土地です。

ちなみに「公図」というのは法務局に備え付けられている〝地図に準ずる図面〟のことです。公図は地図ほど正確ではないものの、土地の形状やおおまかな位置関係を知ることができます。公図は法務局に行けば、誰でも手数料を支払うことによって入手できます。

さて、この状態では、農家に売るという選択肢はあり得ません。そこで私は、農地を農地以外に使ってもよいという許可をもう一度得た上で、一般の方に売ることができるかどうか、調べてみることにしました。

さっそく農業委員会に行って相談してみると、担当者から「ここは1種農地だから地目の変更はできないですよ」と告げられました。1種農地というのは、簡単にいうと見渡す限り畑が広がっているような農地のことです。

でも、村上さんが畑を購入した35年前には、農地以外に使ってもよいという許可が得られたのです。そのことについて聞いてみたところ、何十年か前に1種農地の条件が変わったため、今まで1種農地ではなかった村上さんの畑があるエリアも1種農地になったのだという説明でした。

★村上さん自身が見つけた唯一の解決策とは

さて、こうした状況でいったい何ができるでしょう？　一つだけ考えられることは、村上さんと同じように投資目的で100坪ちょっとの畑を買った人たちの土地をまとめて、大きな畑として売ることです。

そこで、所有者を調べて一人一人に手紙を書いてみました。ところがすべての手紙があて先不明で戻ってきてしまったのです。

私は登記簿謄本（今後は単に登記簿と呼ぶ）から所有者の住所を調べたのですが、登記簿の住所は自分で住所変更の手続きをしない限り、土地を売買した時の住所のままです。村上さんが土地を買ったのは35年も前のことですので、村上さんの周りの畑の所有者は、たぶん引っ越してしまったのでしょう。それで、手紙を書いても戻ってきてしまったのに違いありません。

そこで私は役場の税務課に行き、事情を話して土地所有者の住所を教えてもらえないか聞いてみました。所有者は今でも固定資産税を支払い続けているわけですから、役場は所有者の現住所を把握しています。

でも、不動産屋のＤＭ《ダイレクトメール》を送るために個人情報を教えることはできないとの答え。私は粘り強く自分の考えを訴えてみました。畑を売ったところで仲介手数料などいくらにもならないから不動産屋としてやりたい仕事ではないこと、けれど、町の畑がこのままずっと放置され続けるのは嫌だから、この問題をどうにかして解決したいというただそれだけなのだと訴えました。

役場の担当者は私の話を熱心に聞いてくれたし共感もしてくれましたが、やはり個人情報保護の問題があるし、不動産屋のＤＭを役場が送ったというふうにしか見えないから無理なのだということでした。仕方ありません。

いよいよ打つ手がなくなってしまいました。結局、現状では村上さんの畑は農家に売るしかありません。でも現実的には、１００坪ちょっとの狭い畑を買いたい農家がいない以上、売れないというのが最終的な結論です。

この話を村上さんにしたところ、「家も建たない、売ることもできないというのに、毎年税金を払うのはいやだ」と言って、怒り出してしまいました。そして、連日のように町役場に陳情の電話をかけるようになったのです。

「奥さん（と村上さんは私を呼びます）だって、おかしいと思うでしょ？」と、村上さんは電話口で声を荒げます。

「家も建たないのに何が宅地だよ。毎年1万9000円かもしれないけど、金額の問題じゃないよ。〝根性〟の問題だね」

「はあ……」

「根性が腐っているよ、家も建たないのに35年も税金を平気で取り続けるなんてさ。だまされたとしかいいようがないよ」

「……」

「払わなくていいよね？　そうだよね。払う必要なんてないよね？」

「……私ではわかりかねますので、役場の税務課に電話して聞いてみて下さい」

「そうだよな、わかった。これから○○（呼び捨て）に電話するよ」

村上さんからの陳情の電話のスタートは、なぜかいつも私からでした。村上さんは私に「家も建たないのに固定資産税を取られるのはおかしいから、払わなくていいよね」という確認の電話をした後、その勢いで、税務課と農業委員会に電話をかけるのです。それがもはや、村上さんの日課となっていました。農業委員会に電話する目的は、農地以外に使ってもよいという許可を取り消してもらうためです。そうすれば名実ともに畑ということになり、税金を払う必要がなくなるからです。

結局、村上さんの陳情が始まって数カ月経ったころ、役場がついに根負けしました。村上さんは固定資産税を払わなくてよいことになったのです。こうして、村上さんの〝戦い〟は終わったのです。固定資産税を払わなくてよくなったので、売却はできてもできなくてもよいということになりました。

◆「家が建てられる」と言われてウン十年前に買ったあの土地は、今はもう「家が建てられない」土地かもしれない

田舎の土地の売却で怖いのは、家が建つと言われて買ったはずなのに、今はもう家が建たない土地になってしまった、というおかしな現象が起きることです。その理由は、後の章でも詳しく説明しますが、「建築基準法」と「都市計画法」という二つの法律が関係しています。これに農地法や崖条例などが絡んでいる場合もあります。

ここではそのように覚えておいて下さい。のちほど別の章で、これら〝田舎物件売却の足を引っ

張る法律〟について、詳しく解説したいと思います。

【ケース3】
「家が建てられる」と聞いて買った畑の奥の土地を売ろうとしたら、今はもう「家が建てられない」土地になっていた立花孝雄さんの場合

立花孝雄さんが10年前に買った土地は、畑の奥にある1000坪の森です。この土地を初めて見た時、立花さんはあまりの美しさに目を奪われました。森の隙間から畑に西日が差し込む光景を見ているだけで、これまで感じたことのないような幸せな気持ちに心が満たされていったのです。この土地には、ライフラインはまったくありません。電気も水道もガスも、何もないのです。それでも立花さんは、これほど自分の人生を満たしてくれる土地はないとの思いから、すぐにこの土地を買うと決めました。その後、立花さんは森を少しだけ切り開き、テントを張って休日を過ごすようになりました。そして森の前の畑を借りて耕し、まさに理想通りの充実した休日を過ごし始めたのです。ところが昨年、立花さんの奥様が病気になってしまい、土日のたび、ここに通う暇などなくなってしまいました。また、入院費がかさむ中、お金も必要になりました。そこで、立花さんの人生に大きな安らぎと充実感をもたらしてくれたこの土地を、泣く泣く手放すことにしたのです。

《立花孝雄さんから売却の依頼を受けた際の会話内容より》

立花さん「広告を見たのですが、土地を売っていただけますか？」
私「はい、ありがとうございます！」
立花さん「とてもよい土地なんですよ。ほとんどが森なんですけれど、木を切ればものすごくよい土地になります」
私「そうですか」
立花さん「ええ。こちらが土地の資料一式です」
私「ありがとうございます。これだけ用意して下さっていると、とても助かります」
立花さん「そうですか。それはよかった」
私「ところで、この土地は道路には面していないようですが……」
立花さん「でも、畑のあぜ道を通って行けますよ」
私「そうですか。でも、あぜ道に面しているというだけでは家は建てられないのですよ」
立花さん「え？　そんなことはないでしょ。だって、家は建てられるって聞いたから買ったのですから。将来は森を必要な分だけ切り開いて、ログハウスを建てようと思っていたのですよ。毎日畑仕事をして、森の中のログハウスで暮れていく夕日をゆっくり眺める生活がしたいと思って買ったのです。不動産屋にもその話はして、大丈夫だというから買ったのですよ」
私「そうでしたか……。確かに、立花さんが購入された時ならば、ここに家を建てられました。でも、今は建てられないかもしれないのです」
立花さん「ん？？　どういうことですか？　何だかさっぱりわかりませんが」
私「そうですよね。わかりづらくて申し訳ありません。順序立てて説明すると、こういうことです」
私「まず、立花さんが土地を購入した時、○町（立花さんの土地がある町）は、都市計画区域外でした。都市計画区域外であれば、建築基準法が適用されないので、どんな場所にでも家を建てられたのです。でも、立花さんがこの土地を購入して5年後に、○町は都市計画区域になりました。そうなると、建築基準法が適用されますから、基準を満たしていなければ家が建てられないのです」
立花さん「で、あぜ道はダメだというわけですか？」
私「残念ながら、そういうことになります。建築基準法では、4メートル以上の幅の道路に2メートル以上接していないと、家が建てられないことになっています。実際はもっと狭い道路であっても家が建てられたりする例外はあるのですが、このあぜ道は無理なのではないかと思います」
立花さん「そうですか……。家が建たないのでは、売れないですよね？」

私　「そんなことはないですよ。ただ、価格次第だとは思います」
立花さん　「そうですか……」

★「家が建てられない」という以外にも、売却に立ちはだかる様々な問題

立花さんは、わかりづらい場所なので自分が案内するとおっしゃいました。そこで車でついて行ったのですが、私にとっては〝驚きの場所〟に、その土地はあったのです。

立花さんの車は、民家の間を通り抜け、車一台がようやく通れるような細い道へと入っていきました。そしてしばらくすると、目の前に畑が現れました。立花さんの車は、畑のわきのぬかったあぜ道へと入っていき、私もそれに続きました。

あぜ道は坂になっていて、左が畑、右は絶壁のような崖です。少しでもハンドル操作を間違えば、崖から落ちてしまいそうでした。といっても、崖の高さは2メートルにも満たないほどでしたが、それでも車ごと崖から落ちるのではないかという恐怖はありました。

このぬかったあぜ道を進んでいくにつれ、右側の崖は消え、高台には畑が一面に広がっていました。といっても、耕作しているのかしていないのかわからないような畑です。この畑の奥で立

花さんは車を停め、外に出てきました。

「どう？　素晴らしいでしょ！」

立花さんは、ご自分の土地に見とれていらっしゃいますが、私はまったく別のことを考えていました。

一体、立花さんの土地はどこ？？？

ようやく〝陶酔〟から覚めた立花さんは、「あそこの森が私の土地です」と言って畑の奥のうっそうとした森を指さしました。その森は、木と篠竹と雑草がびっしりと生い茂り、まったく中をのぞき込むことさえできません。

「こっちは少し草を刈ってありますから、どうぞ」と言って、立花さんはうっそうとした森のわきにぽっかりと空いた空き地の方へと歩いて行きました。そこにはテントが張ってあり、ハンモックまで吊るされていました。外には焚火の後があり、ここで立花さんが週末ごとに楽しい生活を送っていたことが一目で見て取れました。

★1年以上にも及ぶ売却活動のゆくえは……

「ここを売ってしまうのは、本当に残念です」

立花さんは本当にさみしそうでした。

横に立つ私にも、立花さんの辛い気持ちが伝わってきました。でも、私はこの土地をどうにかして売ることを考えなくてはなりません。

でもいったいどうやって？

立花さんにとっては世界一素晴らしい土地でも、客観的に見れば、道路もない、ライフラインもない、家は建たない、木を伐採しなければ使い物にならないような土地です。しかも、この土地に到達するには、ほんのわずかな間であっても、車ごと崖から落ちそうな恐怖を味わわなくてはならないのです。

さらに困ったことには、立花さんは相場の3倍くらいと思われる売却価格を希望していました。立花さんにとっては素晴らしい土地ですし、ご自身も同じ価格で買ったので、その程度なら売れると思っていらっしゃるのです。

結局、立花さんが希望価格を1円でも引き下げることはありませんでした。自分の大事な大事な土地を泣く泣く手放すというのに、二束三文で売りたくはなかったのです。1年以上、売却活動を続けましたが、売れることはありませんでした。

その間、立花さんは何とかお金を工面し、奥様も無事退院されました。結局、立花さんが大切にしてきた土地は、立花さん自身が売却を望んでいなかったために売れなかったのでしょう。

◆放置し続けてきたあの土地は、誰かの駐車場や家庭菜園になっているかもしれない

田舎の土地は、放置していると誰かが勝手に使っている、というケースが驚くほど多いものです。誰かが勝手に駐車場として使っていたり、家庭菜園として野菜を作っていたりするのはごくごく普通のこと、といえます。

空き地の所有者の中には、きちんと業者にお金を払い、定期的に草を刈ってもらっている方もいらっしゃいます。本来なら、持ち主の責任として、そうするべきでしょう。私が住んでいる多古町でも、広報で草刈りをするようにと呼びかけています。

ですので、あなたの土地を誰かが勝手に使っているのは決してよいことではないですし、いけないことですが、ご自分の土地の管理を怠っているのなら、あなた自身にも非があるのです。まずはご自分の土地がどのような状態になっているのか、確認しに行くことをお勧めします。

【ケース4】
亡くなったご主人が40年前に投資目的で買った土地を売りに出した岩瀬恵子さんの場合

岩瀬恵子さんは、ご主人が40年ほど前に購入した50坪の分譲地を相続しました。この分譲地は成田空港から車で10分ほどの場所にあります。ご主人はこの土地を投資目的で購入したのですが、結局、成田空港ができた後も土地の価格は値上がりしませんでした。その結果、40年という長い歳月にわたり、ただ固定資産税だけを支払い続けてきたのです。それでもご主人が存命中は、「固定資産税だって年に2万円弱なのだから、持ち続けていたい」というご主人の意向があったため、売却はできませんでした。ところが昨年の夏、岩瀬さんのご主人が亡くなったことで、この土地をどうするのか、決断を迫られることになったのです。3人の息子さんたちはそれぞれ独立し、田舎の土地は相続したくないと言っています。そこで、固定資産税を払い続けるだけの土地を息子さんたちに残すことはできないとの思いから、岩瀬さんはご主人が残した土地を処分することにしたのです。

《岩瀬恵子さんから電話で売却の依頼を受けた際の会話内容より》

岩瀬さん　「土地を売ってほしいんですけれど」

私　「どんな土地ですか？」

岩瀬さん「成田空港から車で10分ほどの場所にある分譲地なんです」

私　「何坪くらいありますか？」

岩瀬さん　「50坪くらいかしら」

私　「土地を買ったのはいつですか？」

岩瀬さん「昭和48年だったかしら」

私　「そうですか。最近その土地には行かれましたか？」

岩瀬さん　「それが全然行っていないんです」

私　「最後に行ったのはいつでしたか？」

岩瀬さん　「そうね……。主人が出張の帰りに行ったのは確か10年くらい前だったかしら。私は行っていないんですけどね」

私　「その時、土地はどのような状態になっていたか、ご主人から伺っていますか？」

岩瀬さん　「ああ、それがね、場所がわからなかったって言うのよね。分譲地だから、同じような区画がたくさんありますでしょ？　だからどこなのかわからなくなっちゃったって言うのよ」

私「そうですか。では、まず私が土地を見に行ってきますので、それからまたお話しすることにしましょう」

★何十年も放置していた土地には自称管理人が！

さっそく現地に行ってみると、確かに空き地だらけで、どこが岩瀬さんの土地なのか、わかりにくい場所でした。さらに、更地であるはずの土地には、なんと、おいしそうな野菜がたくさん育っていました。しばらく写真を撮ったりしていると、すぐにお隣さんが家から出てきました。60〜70代の男性と見られるお隣さんは、「何やってるの?」と声をかけてきました。「ここの土地の売却を頼まれたので」と言って話し始めようとする私を遮って、お隣さんは「ここ、困ってるんだよね」と文句を言い始めました。

お隣さんの言い分は、こうです。この土地は自分が家を建ててから20年もの間ずっと、放置されていた。だから草ボーボーになってしまい、虫がわいて困っている。妻は虫が嫌いだから、自分はほとほと困り果てた。だから自分は年老いてあちこち痛いのに、頑張って〝管理〟しているのだと。管理というのは、家庭菜園をやることです。草ボーボーにしておくよりは、野菜でも作った方がよいから作っているのだというのが、お隣さんの主張です。

一理あるようにも思えますが、ずいぶんと勝手な言い分でもあります。お隣さんはさらに続けてこんなとんでもない主張をしてきました。「今までずっと放っておいたのに、うちには何の断りもなく売るっていうのはいかがなものか。今まで管理してきた手間暇はどうなるのだ」と。「それって、管理費を支払えという意味ですか？」と私が尋ねると、お隣さんは「そんなことは一言も言っていないよ」とおっしゃいます。ただ、これまで自分が費やしてきた労力はどうなるのかと聞いているだけなのだと。

困ったことになった、と思いました。もうこうなったら、自称管理人ともいうべきこの人に売るしかない。そう思ったので、「ここ、買いませんか？」と聞いてみました。お隣さんは、あちこち痛くて家庭菜園ももうできそうもないとか言って、逃げ腰です。

★田舎の分譲地の現実

事務所に戻ると、私は今見てきたとおりのことを岩瀬さんに電話で報告しました。そして、売るとしてもせいぜい50～60万円ほどだということもお伝えしました。しかも、その価格はあくまで売れた場合の価格であり、実際には売れずに終わってしまう可能性が高いことも申し添えました。この土地は、お隣さんの問題ばかりでなく、ほかにも〝売れない原因〟を抱えていたからです。まず、上下水道が通っておらず、飲み水は井戸を掘らなければならなかったし、下水には浄化槽を入れなくてはなりません。それだけでもう100万円はかかってしまいます。

しかも、それだけのお金をかけてでも手に入れたいような魅力的な土地かというと、まったくその逆でした。土地は50坪弱しかなく、分譲地と言えば聞こえはいいですが、家はまばらにしか建っていません。分譲地のほとんどが、岩瀬さんと同じように投資目的で購入した人の持ち物だったのです。こうした土地は、岩瀬さんの土地と同様、草ボーボーのまま放置されていました。

★分譲会社の倒産で、上下水も通らなくなり……

私の話を黙って聞いていた岩瀬さんは結局、査定価格より少し高めの80万円で売ることを了承して下さいました。ところがその後、岩瀬さんは堰を切ったように土地を買ったいきさつなどについてお話を始められたのです。

「私が買った時は680万円だったのよ。その当時は金利も10％位だったから、全部で1000万円くらいつぎ込んでいるの」

そして、購入した時のことを詳しく話し始めたのです。

「あのころ、私は神奈川の○○町に住んでいたんですけどね、近所の人もみんな買ったのよ。

だって、テレビコマーシャルまでしていたんですもの。それがこんなことになってしまうなんて……」

岩瀬さんは、この土地に上下水が通っていないことさえ知りませんでした。分譲会社からは、そんな話は聞いていなかったとおっしゃいます。

「そんなはずはないわ。そんな、上下水道も通っていないような土地、誰が買うものですか。絶対に買いませんよ」

岩瀬さんは大変ショックを受けておられるご様子。それでも事実をきちんとお伝えしなければなりません。

「家庭菜園をやってしまっているお隣さんから聞いたのですが、当初の計画では公営の上水道と集中浄化槽になる予定だったそうです。でも、分譲会社が倒産してしまって、その計画がなくなってしまったということでした」

岩瀬さんは何度も「そうだったのですね」と繰り返し、そして事実を受け入れました。

岩瀬さんのようなケースの場合、売る方法はまったくないか、というと決してそんなことはありません。狭い土地にもかかわらず農地として農家に売るしかないような土地ならば、売却のしようもないのですが、岩瀬さんの場合は違います。

でも、結論から言ってしまえば、岩瀬さんの土地はいまだに売れていません。理由は、価格です。田舎には、岩瀬さんの土地のように、空き地だらけの分譲地がたくさんあります。それらのすべてが売れないかというと、決してそうではありません。価格さえ安ければ、買う人は必ずいます。そして、一番買ってくれる可能性が高いのが、お隣さんです。問題は、その価格を受け入れられるかどうか、安くても処分してしまいたいのか、ということです。

◆放置し続けてきたあの土地に、誰かが勝手にゴミを埋めたり捨てたりしているかもしれない

私が住んでいる地方だけの問題かもしれませんが、土地の売却で一番困るのが、〝何が埋まっているかわからない〟ことです。私は6年前に東京から引っ越してきたのですが、ここでまず驚いたのが、不要なものは、なんでもかんでも燃やすか埋めるかして済ませてしまうという奇妙な習慣です。

ビニールだろうが、ペットボトルだろうが、燃えるものはなんでも燃やしてしまうのです。ダイオキシンが出ようが何だろうが、お構いなしです。燃やさないのであれば、埋めます。ユンボで穴を掘ってなんでもかんでも埋めてしまいます。

こうした習慣のせいか、私の自宅の敷地も、最初はスコップで少し掘ればビニールや空き缶やらがごっそりと出てきたものです。それだけならまだしも、割れたガラスの破片もあちこちから出てきて、本当に困りました。このような状況なので、放置している土地には、誰かが勝手に何

かを埋めていても、まったく不思議ではありません。

【ケース5】
亡くなったお父様から相続した、行ったこともない土地を売りに出した竹下紀夫さんの場合

竹下紀夫さんは、現在仙台にお住まいです。にもかかわらず千葉県内に土地を持っているのは、亡くなったお父様から相続したためです。当然のことながら、竹下さんはその土地に行ったこともなければ、場所もよくわかっていません。にもかかわらず、固定資産税を払いながら土地を持ち続けてきたのは、単に大手の不動産屋に売却を依頼したら断られてしまったためです。その時は竹下さんも働き盛りで忙しかったため、次第に土地の処分のことは忘れていきました。ところが1年前に定年退職したことを機に、老後の生活を真剣に考えざるを得ない状況になったのです。そこで真っ先に思い浮かんだのが、処分し損ねた田舎の土地のことでした。年金暮らしの中から、使いもしない土地のために固定資産税を払い続けるのはまっぴらごめんだし、息子たちに相続させて自分と同じ苦労をさせたくないとの思いから、再び売却を決意したのです。

《竹下紀夫さんから売却の依頼を受けた際の会話内容より》

竹下さん「御社の近くにある土地を売ってほしいんですけれど」

私「どんな土地ですか?」

竹下さん「んー、私も行ったことがないんでねぇ。登記簿には500㎡って書いてあるけどね」

私「拝見させていただいてよろしいですか?」

竹下さん「どうぞ」

私「地目は山林となっていますけれど、行ったことがないのなら、木が生い茂っているかどうかもわからないですよね」

竹下さん「そんな状態でも、売ってもらえるものなのでしょうか?」

私「行ってみなければわからないですが、大丈夫かと思いますよ。」

竹下さん「でも、どうやって場所がわかるんですか? 私でもわからないのに」

私「色々と方法があるんですよ。まあ、任せて下さい、と大きなことを言いたいのですが、正直いうと、行ってみてもわからない場合もあります」

竹下さん「その場合は、どうなるんですか?」

私「基本的には測量してから売るのですが、安い土地を売るのにそんな負担はできませんから、それはケースバイケースで考えます」
竹下さん「よろしくお願いします」

★篠竹とつる性の雑草でジャングルのようになってしまった土地

現地に行ってみると、人の背丈をはるかに超えるほどの篠竹がびっしりと生い茂り、さらにその上をつる性の雑草が覆い尽くしていました。これでは土地の中がどのような状態になっているのか、さっぱりわかりません。このような場合、当社では草を刈ってもらうようにしています。

田舎の土地の場合、売却できたとしても価格が安いですし、だいたい売れるかどうかさえも、売りに出してみるまでわかりません。それでも草を刈ってもらうのは、そうしなければ本当に売れないからです。

あなたが買う立場だったらどうでしょう？　背の高い草がジャングルのように生い茂っていて、中の様子がまったく分からないような土地を買う勇気はあるでしょうか？　たとえどんなに安い土地であっても、買う方はそれなりのお金を出すのです。もしかするとゴミの山かもしれないような土地にお金を払う人は、そうそういません。

それでも十分に安い広大地であれば、事業用に使うために業者が買ったりするのですが、竹下さんの土地は150坪ほどしかなかったため、そこそこ広い住宅用地を探している方に買っていただくことになると予想されます。ですので、竹下さんには事情をお話しし、草を刈ってもらうことにしたのです。

★草を刈ったら大量のごみが！

ところが、草を刈ったら別の問題が発覚してしまいました。竹下さんの土地は、ゴミだらけだったのです。しかも土地の表面だけでなく、かなり奥の方までゴミが埋まっています。当社で売地の看板を建てようとした時、土をスコップで掘り返したところ、出るわ出るわ、掘っても掘っても、ビニールやら空き缶やらが、わんさか出てくるのです。

どうしたものかと思っていると、犬を連れたおじいさんが歩いてきて、「ここ、売るの？」と声をかけてきました。そして、草ボーボーのまま放置され続けて困っていたことや、あまりに困ったため法務局に行って持ち主が誰なのか調べたけれどわからなかったことなどを、話し始めたのです。

ちなみに、不動産の登記簿は法務局に行ってお金を払えばだれでも取ることができます。そして、登記簿には土地の所有者の名前と住所も記載されています。ただ、土地を購入した後に住所が変わった場合、住所変更の手続きをしていなければ土地を買った時の住所のままです。おじいさんがこの土地の持ち主を調べたのにわからなかったのは、このためです。

おじいさんは、「ここは建築廃材がたくさん埋まっているよ」と言い出しました。

「どうしてそんなことを知っているのですか?」

「だって、見たもん」

おじいさんの話によると、近所の方がリフォーム工事をした際、業者がこの土地に建築廃材を埋めていたのを見た、というのです。そして、そのことは近所の人も皆、知っていると。

「止めなかったのですか?」と聞いてみると、おじいさんは怒ったような口調で言いました。

「だって、いらない土地だから放置しているんでしょ? 私はそんな人のために何かしてやろうなんて、これっぽっちも思いませんよ」

★それでも、資材置き場として売れた

結局、住宅用地として売ろうにもなかなか売れそうもなかったので、方向転換し、資材置き場として売り出すことにしました。その結果、売りに出して1カ月が経ったころ、購入希望者が現れました。その方は、副業で中古車を販売しており、仕入れてから売れるまでの間、車を置いておける安い土地を探していました。このような用途だったので、土地にゴミが埋まっていても、その分安ければ問題なく売れたのです。

◆ウン十年前に買ったあの分譲地は、林や原野に戻っているかもしれない

私が不動産屋を始めて最初に買ったアパートは、バブルのころに開発された住宅地の中にありました。最初にこのアパートを見た時、行き止まりかと思いました。というのも、アパートの奥にはうっそうとした森が広がっていたからです。

森の手前には、「売り物件」と手書きで書かれた木の看板が立っていました。そこに携帯の番号が書いてあったので連絡してみると、地主さんはこの土地を何と、坪10万円で買ったとおっしゃいます。

私が、「この森が坪10万円とは、バブルのなせる業ですかね」と言うと、地主さんからは、「森ではありません」との答えが返ってきました。ここは今でこそ森になってしまっているけれど、買った当初は自分の土地も、その奥も、さらに奥までずっと、きれいに区画された分譲地だったのだとおっしゃいます。そして、分譲地の前にはきれいな道が通っていたのです。

ところが今はどうかというと、道などどこにもありません。すべては森に還ってしまっているのです。長靴を履いて中に入ってみると、そこはゴミの山。洗濯機や古タイヤなど、たくさんのものが捨てられていました。結局、タダでもいらないと思い、購入は断念しました。

昔、バブルのころに開発された田舎の分譲地の中には、家も建てられずに長年放置された結果、自然に還ってしまった土地が少なからずあるのです。

【ケース6】
草木が生い茂り、道さえなくなってしまった土地を売りに出した真野伸介さんの場合

真野伸介さんは、半年ほど前に亡くなられたお父様から田舎の土地を相続しました。お父様は生前、この土地の話をたまにしていたので、真野さんもお父様が田舎に土地を買ったことは知っていました。お父様が土地を購入されたのは、バブルになるちょっと前の、昭和58年のことです。土地は買っておけば必ず上がると信じられていたころのことです。お父様は田舎のこの土地を気に入っていました。田んぼや畑、森が広がる自然豊かな場所だったからです。バブルがはじけた後も、お父様は「いつかあそこに家を建てて住んだっていいんだから、別に売ることもないよ」と言っていました。ところが年老いて体が不自由になってしまったため、結局その夢もかなわないまま他界されたのです。この土地を相続した真野さんは田舎に住む気などまったくありませんでしたし、固定資産税を支払い続けるくらいならば処分したいとの思いから、売却することにしたのです。

《真野伸介さんから電話で売却の依頼を受けた際の会話内容より（電話にて）》

真野さん「親父が残した土地が○○市にあるんですが、いくらくらいで売れますか？」

私「どんな土地ですか？」

真野さん「どんな土地って言われても、親父が残した土地だから、私は行ったことがないんですよね」

私「そうですか。では、手元に権利書はありますか？」

真野さん「はい」

私「それをファックスしていただけますか？」

（ＦＡＸが届く）

私「広さは30坪ですね」

真野さん「え？？？　80坪でしょ？」

私「そうですね。権利書に記載されている土地をすべて合計すると80坪はありますね。でも、宅地として使えるのは30坪で、残りの50坪は地目が公衆用道路となっています」

真野さん「何ですか、それ？」

私「公衆用道路というのは、文字通り、道のことです。道路に提供している以上、いくら自分の土地だからといって、勝手に家を建てたりはできないのですよ」

真野さん「えっ、そうなの？　だったら価格はどうなるの？　親父は坪10万で買ったって言っていたから、80坪なら800万くらいにはなると思ったんだけど」
私「800万ですか……。厳しいかもしれないですね。坪10万円で売るのも厳しいとは思いますが、仮に坪10万円で売れたとしても、公衆用道路はタダみたいに安いですから、実際には宅地の30坪分で300万円でしょうね。ただ、今売るとしたら当時の価格より相当安くなってしまいます」
真野さん「だったら、実際はいくらくらいで売れるのかな？」
私「それは現地を見させていただいた後でないとわからないので、先に現地を見せていただけませんか？」
真野さん「いいですよ」

★角地だったはずが行き止まりの場所になっていた！

真野さんの土地の価格を査定するため、私はすぐ現地に向かいました。ところがなかなか場所を特定することができません。地図上ではきれいに区画整理された分譲地が広がっているはずの場所には、さびれた小さな工場やら材木屋やら、小さな家がごちゃっと一塊になっていたからです。

私は、きれいに区画整理された分譲地をイメージしていたのですが、そんな姿は何十年という歳月の間に、跡形もなく消え去っていました。家と家の間の細い砂利敷きの道を通り抜けた先の一番奥に、ようやく真野さんの土地を見つけることができたのは、しばらく探し回った後のことでした。

その場所は、閉塞感が漂っていました。地図上では角地であるはずの土地は、どう見ても行き止まりにしか見えません。かつてあったであろう道には草木が生え、森に還ってしまっていたからです。

しかも、草ボーボーのその土地には、ナンバープレートを外した車が2台捨ててあった上、ペンキの空き缶も山積みになって捨てられていたのです。さらに、真野さんの土地の右隣には朽ちた廃屋のような建物があり、建物全体をつる性の雑草が覆い尽していました。

この光景を見て、正直なところタダでも引き取る人はいないだろうと思いました。でも、そんなことを言ってはいられません。どうにかして処分する方法を考える必要がありました。そんな時、いつもヒントを与えてくれるのは近所の方たちです。真野さんの土地の前の家の方が庭で何やら作業している様子だったので、話を聞いてみることにしました。

★家畜臭漂う土地

「すみません、おひさま不動産の渋谷というものですが……」と言って作業中のご近所さんに話しかけると、彼は手を休めることなく、怪訝そうな顔でこちらをチラリと見ただけでした。たぶん、セールスだと思われたのでしょう。事情を話し、真野さんの土地のことで知っていることを教えてほしいと頼んだところ、態度ががらりと変わり、あれこれと親切に教えて下さいました。

「あそこの塗装屋が色んなものを捨てちゃってるでしょ？」とご近所さん。

「塗装屋って、あの屋根まで草で覆われているあの建物のことですか？」

「そうだよ、あの塗装屋、あちこちの空地をゴミ捨て場にしちゃって、困っているんだよね」

ご近所さんの話によると、真野さんの土地に車やペンキの空き缶などを捨てているのは、お隣の塗装屋だとのことです。一通りの話を聞いた後、私は思い切ってこのご近所さんに「この土地、買いませんか？」と聞いてみました。するとご近所さんは、「あんな土地、誰も買わないよ」とおっしゃいます。さらに、「タダでも引き取る人なんかいないよ」とまで断言されたのです。

「えっ、なんでですか？」

「なんでってさ、前には豚舎、後ろには牛舎があるんだよ。そんで、風向きによってはものすごく臭うんだよね」

本当に困ったことになりました。

事務所に戻ると、私はさっそく真野さんに報告の電話をかけました。

「あの土地、売却するのは難しいかもしれません」と言って、私は話を切り出しました。そして、ご近所さんから聞いてきた話を含め、私が現場で見聞きしたすべてのことを報告したのです。

「だったらどうすればいいの？」と言う真野さんの問いへの私の答えは、真野さんにとっては酷だったかもしれません。私は、お隣さんに土地をタダであげるか、タダ同然の価格で譲るほかない、と伝えたのです。

真野さんは大変ガッカリなさいました。そして、ゴミを勝手に捨てているお隣さんにタダで土地を譲る気にはとてもなれないとのことで、一旦売却を見送ることにされたのです。

【田舎不動産売買よもやま話②】草刈り屋さんから持ち込まれる、塩漬けの土地の話

田舎には、草刈りを生業としている業者さんがいます。バブルのころに値上がりを期待して田舎の分譲地を買ってみたものの、土地は値上がりなどせず、家を建てる予定もないまま持ち続けている土地の所有者に代って草を刈るのが彼らの仕事です。

ある日、草刈り業者さんが突然当社にやってきて「うちで草刈りしている持ち主さんの土地を売ってくれませんか？」と頼まれました。「でも、私が売ってしまったら、あなたの仕事がなくなってしまうのではないですか？」と言うと、「大丈夫です。ほかに仕事はありますし、もう10年以上も仕事させていただいたので」との答え。

持ち主さんも高齢になってきたし、自分も今まで十分に仕事をもらったので持ち主さんの力になりたいというのが、草刈り業者さんの考えでした。本当にそうなのか、それだけなのか、と最初は不審に思ったので、私はこの業者さんにはっきりと言いました。

「売るのはいいですけれど、紹介料は払えませんよ。土地が安すぎて利益が出な

いと思うので」

業者さんはそれでもいいとおっしゃいます。

そこでお引き受けすることにしたのですが、田舎には、畑の中に忽然と現れるような分譲地がかなりあります。家はまばらで、草ボーボーになっている区画もたくさんあります。このような分譲地を売るのは、容易ではありません。

所有者は大抵、千葉でも都心に近いエリアか、東京、神奈川、埼玉などの1都3県に集中しています。そしてすでに高齢者と呼ばれる年齢に達した方々です。この年齢になるまで土地を持ち続けたのは、きっといつか値上がりするかもしれないと思ったのかもしれませんし、自分が使うことになるかもしれないと思ったのかもしれません。

売主さんに電話すると、もう隠居の身で時間があるせいか、〝思いっきり〟語ります。大抵は、一時間近く語り続けます。その土地をどのような経緯で買ったのか、どのような土地なのか、今までどこを修理して、どれだけお金や手間をかけてきたのか、といった話が中心です。

でも、中にはだまされて買ったというような話をなさる方もいらっしゃいます。あのころ、原野商法という詐欺事件がありました。田舎のまったく価値のない土地を高値で売りつけるのです。必ず値上がりするからとウソを言って、田舎の中でもさらに田舎の、見渡す限り畑が広がっているような場所の一角を売りつけるのです。

売主さんたちは思いっきり話し終えると、「じゃ、よろしくお願いしますね。日の丸さん」とか、「ひまわりさん」とかおっしゃいます。当社は「おひさま不動産」なんだけどな、と思いつつ、私は否定もしません。長年頑張って生きてこられたのですから、それくらいの間違いは、許されて当然と思うからです。

3章

田舎の不動産を売りたいと思ったら最初にこれだけは調べる

◆あなたの土地に今でも家が建てられるかどうかを調べる

★あなたの土地に今でも家が建てられるかどうかは、こんな法律と条例で決まる

家が建つと聞いて土地を買ったにもかかわらず、何十年か後に売却しようとした時点ではもう、家が建たない土地になってしまっていた、という話については第2章でも書きましたが、ここで簡単におさらいしておきましょう。

都市計画法で日本の国土を分類すると、「都市計画区域」と「都市計画区域外」に分かれます。そして、都市計画区域であれば建築基準法の基準に従った家しか建てられませんが、都市計画区域外であれば建築基準法の適用がないので、どんな家でも建ってしまうのです。

ここで問題になるのは、昔は都市計画区域外だったけれど、今は都市計画区域になった場合です。この場合、土地を買った時点では家が建ったけれど、売る時点では家が建たないことがあります。

先日、私のお客様が土地を探していたので見つけてきた土地もこれとまったく同じケースでした。その土地は狭い道にしか面していませんでしたが、明治時代から家が建っていました。ところが、この道が建築基準法上の道ではないという理由から、今後はもう家が建てられないことが判明したのです。

それを聞いた売主さんは、怒って役場まで抗議しに行ってしまいました。

「明治時代からずっと家が建っているというのに、もう家が建たないというのは一体どういうことか！」と言って、役場の担当者に抗議したそうです。そして、担当者にこう質問したのです。

「もしも仮に、この土地を人に売るのではなく、自分が今の家を建て替えるとした場合、それはできますか？」と。

ところが、それさえできないというのが役所の回答です。

これには売主さんも怒り心頭です。

「そんなバカな話、あるわけないだろ？　明治時代からここに家が建っていたのに、建て替えられないなんて、おかしいじゃないか？」

何も言い返せないでいる役所の担当者に、売主さんはさらに抗議しました。

「百歩譲って、もしも所有者である自分でさえ建て替えられないというのなら、家が建たなくなるとわかった時点で知らせてくれるのが筋だし、何らかの救済策があってしかるべきだよ」

これには役所の担当者も「ごもっともです」と言ったそうです。

結局、この土地はお隣さんが買うことになりました。ただそれで一件落着、というふうには、私は思いません。やはり売主さんが抗議したように、明治時代から家が建っていたというのに、もう家が建てられないというのはおかしいし、何らかの救済策があってしかるべきだと思うのです。

★崖《がけ》のそばの土地には崖条例が適用され、住宅が建てられない土地になる可能性がある

昔は都市計画区域外だったけれど、今は都市計画区域になった場合で、もしもあなたの土地が崖のすぐそばにあるのなら、要注意です。

崖条例は自治体によって違いますが、千葉県の場合ですと、崖の下の場合は崖の高さの2倍後退した場所にしか家を建てられません。崖の上の場合は1.5倍です。

ところが田舎の場合、崖のすぐ上や下に、平気で家が建っています。こうした場所に建つ家を売却しようとした場合、家を買った人は崖を擁壁《ようへき》（崖をコンクリートで覆った壁のこと）で覆わない限り、新たに家を建てられません。しかも崖を擁壁で覆うには、膨大な費用がかかります。

ちなみに、あなたの土地が擁壁で覆われた崖の上や下にある場合でも、それだけで家が建つとは限らないところが、この条例の怖いところです。

【ケース7】
10メートルもの崖の上にある宅地を売りに出した岩下君子さんの場合

岩下君子さんは、亡くなったお母様から田舎にある60坪ほどの分譲地を相続しました。岩下さんは、お母様がそんな土地を持っていることなど、まったく知りませんでした。お母様が亡くなった後、遺品を整理していたら権利書が出てきて、初めて知ったのです。お母様がなぜそんな田舎に土地を買ったのかは、謎のままです。お母様は都心の便利な生活が似合う人だったからです。生前は、社交ダンスに海外旅行、読書が趣味でした。田舎の生活とはまったく無縁の人だったのです。もしかすると、成田空港に近い場所に土地を買ったのは、海外への拠点にするためだったのかも知れないとも思いますが、今となっては確かめようがありません。岩下さんはすでに家を持っていましたし、田舎に住むつもりもないので、この土地をすぐに売ると決めました。

《岩下君子さんから売却の依頼を受けた際の会話内容より》

岩下さん「母から相続した土地を売りたいのですが」
私「ありがとうございます。場所はどちらでしょうか？」
岩下さん「お宅のすぐそばだと思うわ。グーグルマップで見たから」
私「そうですか。住所を教えていただけますか？」

岩下さん「＊＊＊町＊＊＊番地」
私「あー、××団地ですね?」
岩下さん「あらそう? 一度も行ったことないからわからないけど、そういう団地なのね?」
私「はい、そうです。ただ、確かあそこは崖条例が適用されるって聞いたことがあったような……」
岩下さん「何それ? よくわからないけど、売れないってこと?」
私「そんなこともないとは思いますが、調べてみないと何とも言えません」
岩下さん「そう。でもまあ、それはいいわよ。だって、私も母がこんな土地を持っているなんて、亡くなるまで知らなかったんだから。でも、いくらくらいで売れるのかしら?」
私「そうですね、家が建つとなれば50万円、建たないとなればそこからさらに数十万円安くても厳しいかもしれません」
岩下さん「まあ! 何それ?? 田舎の土地ってそんなに安いの?」
私「一概には言えませんが、この土地に関していえば、そうですね」
岩下さん「それと、家が建つ建たないってどういうこと? 団地ならば家は建つんじゃないの?」
私「ええ、この団地ができた当初は、家が建ちました。当時はこの地域一帯は都市計画区域ではなかったので、建築確認を取らないでも家が建てられたのです。でも、今は違います。

都市計画区域になったので、建築確認を取らないと、家が建てられません」
岩下さん「あら、そうなの?」
私「はい。建築確認を取るには、この土地の場合、崖条例の要件をクリアしていなくてはなりません。」
岩下さん「まあ、困ったこと!」
私「ええ。ここは崖の上に土地があるので、崖の高さの1.5倍後退した距離に家を建てるか、きちんとした擁壁で崖を覆わなくてはなりません。そうでないと、建築確認が取れないのです」
岩下さん「でも、グーグルマップで見たら、崖はコンクリートで覆われていたわよ。それが擁壁っていうんじゃないの?」
私「そうですね。でも、どんな擁壁でもいいわけではないので、とりあえず、調べてみますよ」
岩下さん「そうですか、よろしくお願いします」

★建築確認を取ってみるまで、家が建てられるかどうかわからない土地

私は早速、役所に電話して聞いてみることにしました。すると担当者は、「その擁壁は40年も前に造られたもので建築確認も出ていない」と言いました。

「擁壁にも建築確認が出ていないとダメなんですか？」と聞いてみたところ、

「仮に擁壁の建築確認が出ていたとしても、もう40年以上も経ってしまっていますから、安全かどうかはわかりませんね」との回答。

「だったら、どうすればいいんですか？」

私のいつもの質問に、担当者はまたいつもの答えを返してきました。

「あなたねえ、そうやっていつもいつも、どうやったらいいかって聞くけど、そんなのは建築士とかに聞いて下さいよ」

むむっ。この人、だんだん横柄になっていく気が……。

そういうものなの？　どうやったらいいかわかるのなら、簡単に説明してくれればいいのに。でも、私はそんなことにはめげません。役所で何と言われようと、聞いてみるに越したことはないし、期待した以上のことを教えてくれる、親切な担当者も結構いるからです。

結局、役所の回答は、家が建つかどうかは建築確認を出してみないとわからない、というものでした。困りました。建築確認を出してみるまで家が建つかどうかわからないような土地を

買いたい人が、一体どこにいるでしょうか？　建築確認を取るのにも、お金がかかります。

★家が建てられない土地でも売れないと決めつけるのは早すぎる

さて、このような土地の場合、どうすればいいでしょう？　一番いいのは、お隣さんに買ってもらうことです。

それでもダメな場合は、こうした分譲地の場合には近所の人に家庭菜園用地として買っていただく方法もあります。もちろん、田舎の分譲地の場合、空き地だらけですから、こうした場所を活用すれば、タダで家庭菜園を作ることができます。

それでも中には、こうしたことをよしとしない、〝清い人〟が一定数存在するのも確かです。他人様の土地を勝手に使うなんて、そんなのはとんでもない話だ、と思っている人が、世の中にはいるのです。こうした人たちに売れば、売れないこともないはずです。

岩下さんの土地は、結局、家庭菜園用地を探していた方に売ることができました。

★あなたの土地に家が建てられるかどうか、自分で調べるには？

もしもあなたが田舎の行ったこともない土地を相続した場合、その土地に家を建てられるかどうか調べるには、どうしたらよいのでしょう？

不動産屋に売却を依頼すればきちんと調べてもらえますが、その前に自分で調べたいという場合には、おおよその目安であれば、簡単に調べられます。お手元に登記済権利書か登記識別情報があれば、それを用意します。そうしたら、その内容を見ながら役所に電話して聞くだけです。

その場合、建築確認を担当している部署に直接電話しても、具体的な建築計画がなければ答えられないと言われてしまう可能性がありますので、次ページのフローチャートの手順で調べてみて下さい。

ただし、家を建てるには様々な規制がありますので、あくまでおおよその目安を知るための道具としてお使い下さい。

◆あなたの土地の地目が農地かどうかを調べる

あなたの土地の地目が農地かどうかを調べるには、法務局に行って登記簿を取ります。納税通知書や権利書を見ても、分からない場合があるからです。

前にもお伝えしましたが、納税通知書の地目が宅地になっていても、それは役所が固定資産税を徴収するための地目であって、法務局に登記されている地目とは違う場合があります。

【家を建てられる土地かどうかを調べる方法】

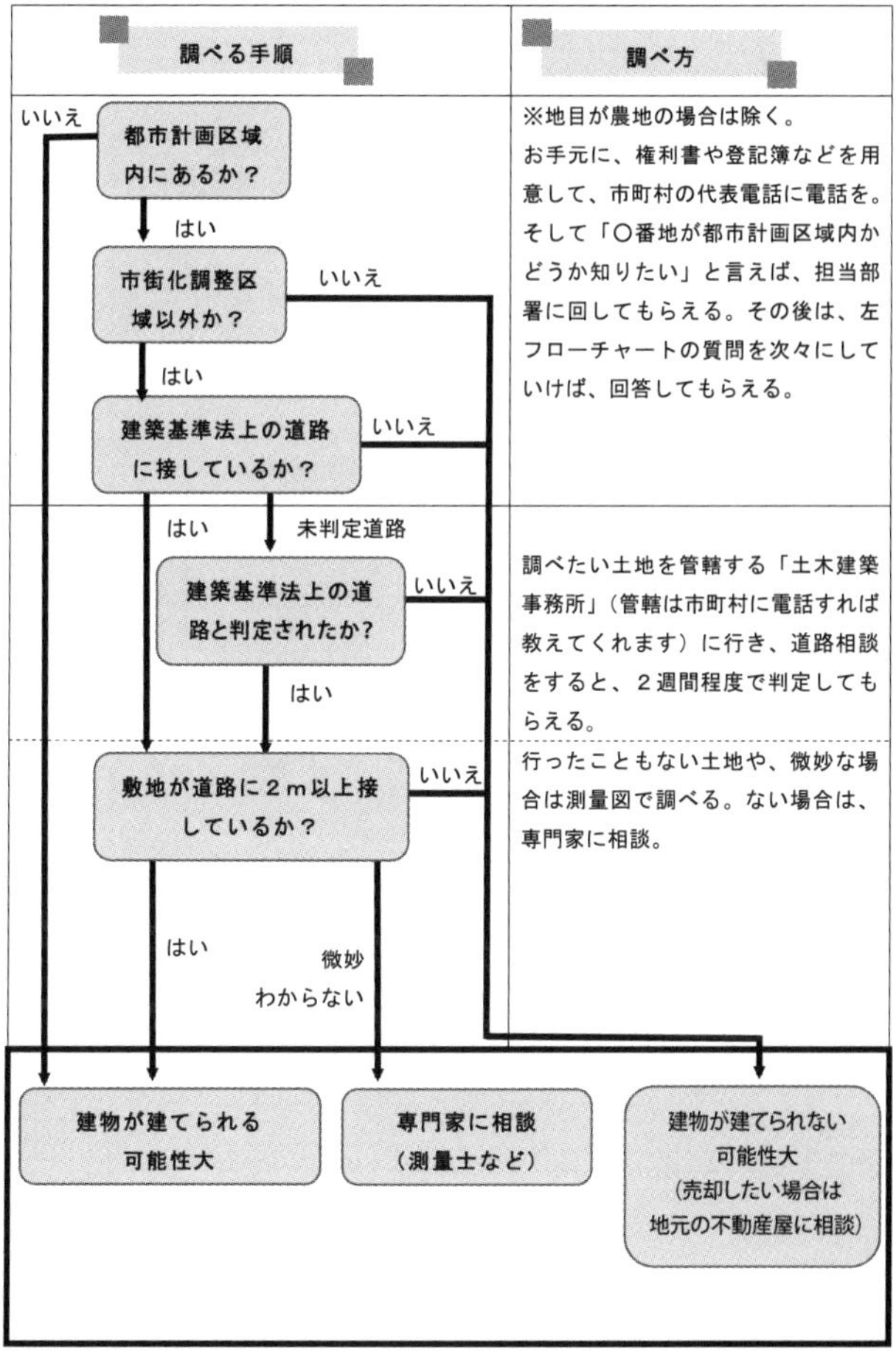

【農地法５条申請許可書】

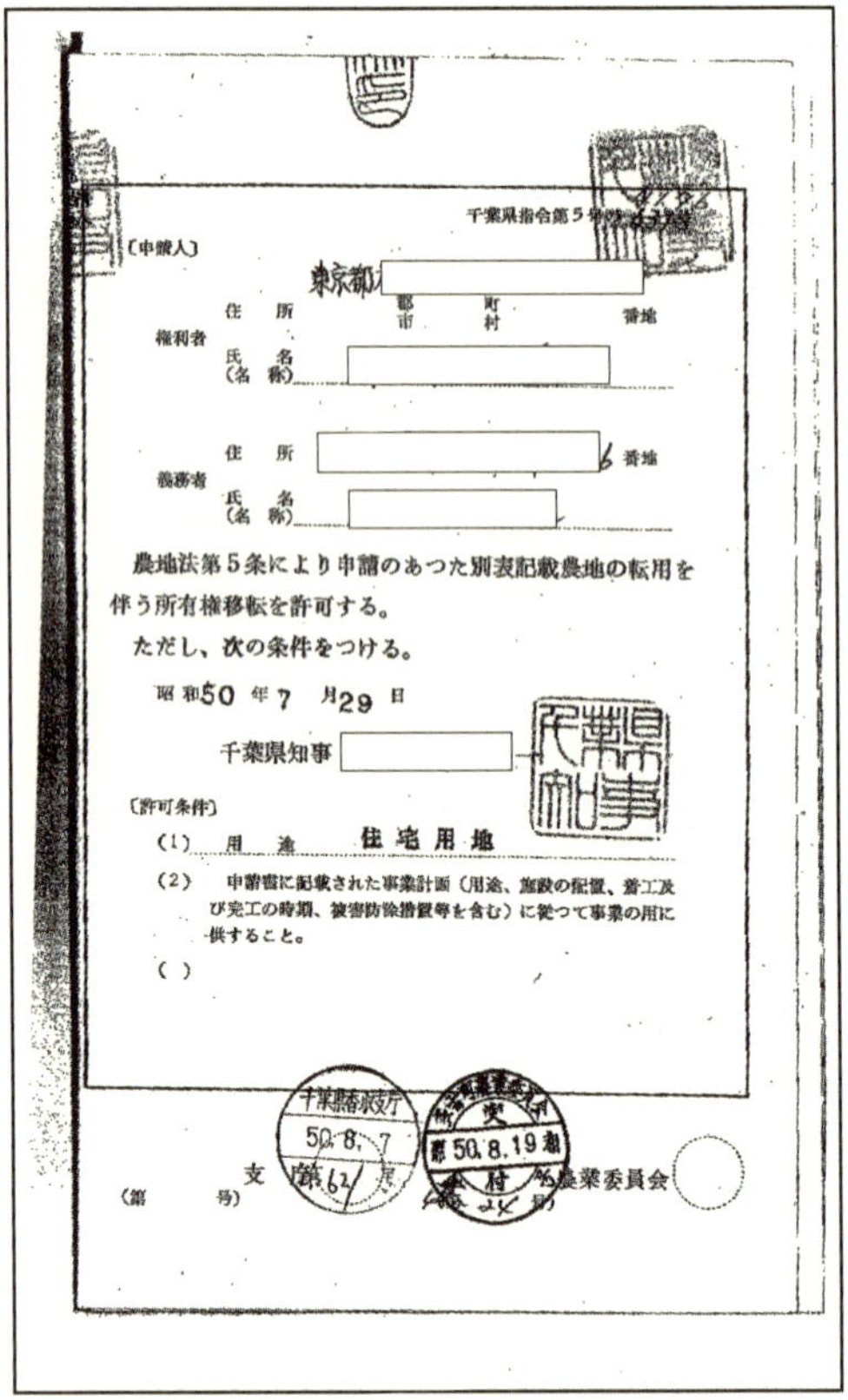

千葉県指令第５号

〔申請人〕

権利者　住　所　東京都　　都市　　町村　　番地

氏　名（名　称）

義務者　住　所　　番地

氏　名（名　称）

農地法第５条により申請のあつた別表記載農地の転用を伴う所有権移転を許可する。

ただし、次の条件をつける。

昭和50年7月29日

千葉県知事

〔許可条件〕

（1）用　途　住宅用地

（2）申請書に記載された事業計画（用途、施設の配置、着工及び完工の時期、被害防除措置等を含む）に従つて事業の用に供すること。

（　）

（第　　号）　支　　農業委員会

右ページの図は、農業委員会からの〝農地を農地以外に使ってもよい〟、という許可書です。

ほとんどの方は、この許可書を持っていることと、宅地として固定資産税を払い続けていることを理由に、自分の土地は絶対に宅地だと言い張ります。

でも、地目は法務局に登記してある登記簿謄本の地目によって決まります。ですので、登記簿を取ってみて、もしも地目が田か畑になっていれば、その土地は間違いなく農地なのです。

農地法は、田舎の土地の売却に大きな影響力を持つ法律です。前にご紹介した村上修さんのケース（P47）を覚えていらっしゃいますか？　村上さんは、宅地だと信じて35年間も固定資産税を払い続けてきたのに、実際の地目は畑だったために売ることができませんでした。

村上さんの場合のように、売れると期待していた土地なのにまったく売れない土地になってしまうほどの強い影響力を持つ法律が、農地法なのです。

これからご紹介するのは、地目は農地以外に変更できる可能性があるにもかかわらず、家が建てられない土地になってしまっていたために売るのが難しくなってしまったケースです。

【ケース8】
宅地だと信じていた130坪の畑を売りに出した船越光男さんの場合

船越光男さんの土地は、当社から車で10分ほどの場所にあります。船越さんがこの土地を購入したのは、成田空港ができた当時のことでした。投資のために土地を購入しないかと勧められたのがきっかけでした。船越さんは輸入雑貨店を営んでいたこともあり、ゆくゆくは空港に近い場所に寝泊まりできる小さな家を建ててもいいかという思いから、130坪ほどのこの土地を購入するに至ったのです。ところが結局家を建てることもなく、気がつけば何十年もの間、固定資産税だけを支払い続けていたのです。そこで船越さんは、二人の息子たちを呼んで土地の処分方法を相談しました。自分はこの先使う予定はないけれど、130坪もの広さがある土地であれば、息子たちが使うかもしれないと思ったからです。ところが息子さんたちからは「いらない」と言われてしまいました。それどころか息子の一人は、固定資産税を払うのは無駄だし、そのような土地を相続したくないので早く処分してくれと言い出す始末です。こうした事情から、船越さんは売却を決意されたのです。

《船越光男さんから売却の依頼を受けた際の会話内容より》

船越さん　「御社の近くにある130坪ほどの土地を売りたいんだけどね」

私「ありがとうございます。具体的な場所を教えていただけますか？」
船越さん「××町＊＊＊なんだけどね、昔、海外に行くときの拠点になるような小さな家でも建てようと思って買っておいた土地なんだよ。だいたい500万円くらいで売れるかなとは思うんだけどね」
私「そうですか。まずは登記簿とか公図とか、土地の資料一式、あるものだけで結構ですので、拝見させていただけますか？」
船越さん「いいよ、登記簿と公図ね。これかな？」
私「そうです。拝見させていただきます。あれ？　こちらの土地の地目は畑になっていますね」
船越さん「そうそう。でもね、ちゃんと農業委員会の許可をもらって買ったんですよ。ほら、ここ（土地の権利書）にちゃんと農業委員会のハンコが押してあるでしょ」
私「ええ。それで、購入された後、地目変更はされていますか？」
船越さん「特にはしてないなあ。でも問題ないでしょ？　だって、役場からくる固定資産税の納税通知書には地目が宅地ってなっているよ」
私「実は船越さんのような方がとっても多いんですよ。農地法の5条許可申請だけ取って農地を購入した後、登記簿上の地目をずっと変更していない売主さんが、結構いらっしゃるんです」

船越さん「だって、そんなこと法律の専門家じゃあるまいし、誰かにこうしなさいって言ってもらわなきゃ、わからないですからね。でも、別に問題ないんでしょ？」
私「それが、問題があるかもしれないんです。調べてみないとわからないのですが」
船越さん「へー、どんな問題？」
私「例えば、最悪、農地として農家に売るしかないかもしれないということです」
船越さん「えっ？　なんで？　だって農地以外に使っていいっていうことで農業委員会に許可をちゃんともらって買ったんだよ」
私「わかっています。でも、土地を購入された後、船越さんは登記簿の地目を変更していませんよね？」
船越さん「してないよ」
私「それですと、何十年も前に許可を得ていたとしても、今は農地として農家に売るしかない場合があるんですよ」
船越さん「なんで？　だったら農地法の許可っていったい何だったの？　おかしいよね、そんなの。納得いかないね」
私「そうですよね、みなさん、船越さんと同じようにおっしゃいます。とにかく、調べてみないことには何とも言えません」
船越さん「そうしてくれる？　別にあんたに怒ったって、あんたのせいじゃないんだから、怒って悪かったね。お願いしますね。」

★家が建てられる土地を買ったはずなのに家が建てられない

私は早速、船越さんから預かった資料一式を持って、農業委員会に相談に行ってみました。すると意外にも、「ここは1種農地じゃないから、目的によっては許可できますよ」とのこと。本当にホッとしました。

そこで次に私が調べたのが、船越さんの土地に家が建つかということです。確かに船越さんは家を建てるために土地を買ったのだとおっしゃっていました。でも、それはもう何十年も前のことです。その間、法律や条例を含めた〝状況〟は刻々と変わり続けています。だから昔家が建つと言われて買った土地に、今も家が建つとは限らないのです。

調べた結果、残念ながら、船越さんの土地には建物が建てられないことがわかりました。その理由はいつものパターンです。船越さんが土地を買った数十年前、このエリアは都市計画区域外でした。

しかし、十年ほど前に都市計画区域になりました。ですので、もしも今、家を建てるのであれば、建築基準法上の要件を満たしていなくてはなりません。ところが船越さんの土地はその要件を満たしていなかったのです。

建築基準法では、建築基準法上の道路（基本的に4メートル以上の幅の道路）に2メートル以上接した土地にしか家は建てられないことになっています。でも、船越さんの土地は建築基準法上の道路に接していませんでした。

私は再び農業委員会に行き、家が建たない土地であっても農地以外に使うための許可は得られるのかどうかを聞いてみたのですが、非常に難しいという回答でした。

★農地は家庭菜園として売ることはできない

私は船越さんにこのことを伝えました。すると船越さんは怒ってしまったのです。

「家も建たないような土地になる可能性があるんだったら、最初からその可能性を伝えてから売るべきじゃないのかね？　素人だと思って、こんな土地を売りつけるなんて、まるで詐欺じゃないか」と。それに、家が建たないとなった時点で、宅地として課税するのはやめるべきなのではないかともおっしゃいました。

船越さんはしばらくの間怒り続けていましたが、最後には「今更どうしようもないんだから、とにかくどうにかして土地を処分しないと」と言って、気持ちを切り替えられたのです。そして、「どうすればまた農業委員会の許可をもらえるのかな？」と言い出しました。

それが一番の問題でした。農業委員会から許可をもらうのは、非常に難しいからです。船越さんは「家庭菜園用地として売るのはどうかな?」とアイデアを出してくれたのですが、実は、これでは許可が絶対に得られません。

なぜかというと、次のような〝方程式〟が成り立つからです。

家庭菜園＝畑＝農地↓農家にしか売れない

このことを船越さんに説明すると、船越さんはまた怒り出してしまいました。

「農地法って、日本の農地を守るためにあるんだったよね?」と船越さん。

「はい、そのように聞いておりますが」

「だったら、農家が作った畑だろうが、素人が作った家庭菜園だろうが、畑は畑じゃないか? ちゃんと農地として守られているじゃないか?」

「そうですよね」

「そうだよ。だいたい売れないでこのまま永久に荒れ野にしておくのと、家庭菜園として使ってくれる人に売るのと、どっちが日本の農地を守ることになると思うんだよ」

正直言って、私も船越さんの言うことには理があると思うのです。本当に農地を守るのなら、100坪程度の細切れにして売りさばこうとした時点で、それを阻止するべきだったのです。そうすれば、このような問題は起きなかったはずです。

ひとたび農地を細切れにして、農家以外に売ってしまえば、その時点でもう、そこを再び農地に戻すのは不可能です。そんな小さな農地を買いたい農家はいないのですから。それなのに農家以外にしか売るなというのは、土地を未来永劫放置し続けろ、と言っているも同然です。それは日本の農地を守ることにもならなければ、国土を守ることにもなりません。将来、何世代か相続を繰り返せば、誰の土地なのかわからない土地になり、手の施しようがなくなってしまいます。

そうは言っても、結局、船越さんの土地は、今の時点ではどうすることもできません。船越さんには、もしもお隣の農地を持っている方から買いたいという話があったらお声がけしますと言って、売却活動は終了しました。

ちなみに、船越さんのような農地を持っている場合、売却先がまったくないのかというと、場合によっては太陽光の業者に売るとか、資材置き場として売るなどの方法があります。ただし、太陽光業者に売る場合には最低でも300坪の広さが必要ですし、坪5000円以下という安さになってしまいます。資材置き場の場合には、なかなか農業委員会が許可してくれなかったりします。実際は何に使うのかわからないためです。

船越さんの土地は130坪しかなかったため太陽光業者には売れず、かといって資材置き場として売ろうにも、農業委員会にダメだと言われてしまったため、断念したのです。

【田舎不動産売買よもやま話③】

太陽光パネルを貼った家を売った際、売却後も売電収入だけは自分（売主）に振り込まれるようにしてほしいと言われて困った話

売主さんは、時に私が予想だにしないようなことをおっしゃいます。立野さんから電話があったのは、買主が現れて売却が決まった日の夕方でした。

「実はさ、言い忘れていたことがあったんだけど」と言って、立野さんは話し始めました。屋根に貼ってある太陽光パネルは、自宅用と売電用なのだと。そして、売却後も売電収入だけ立野さんの口座に振り込まれるようにしたい、と主張してきたのです。

「それはできませんよ」と私が言うと、立野さんは「なんで？　東京電力に電話したらできるって言っているのに」とおっしゃいます。

私は立野さんに、「東電ができると言っても、家を売る以上、屋根に付いている太陽光パネルも売るということなのですよ」と説明しました。法的には家と切り離せないものは付加一帯物といって、一緒に売るほかないのだと言うと、立野さんは、

「でも相手がいいって言えばいいんでしょ」と言って、自分の主張を押し通そうと

します。

「それは絶対にダメです」と私は厳しい口調で言いました。もしもそういう条件で売りたいのであれば、最初から〝売却後も太陽光からの売電収入は売主が得る〟ということを告知した上で売らなくてはなりません。買主が現れてからそんな条件を言いだしたのでは、私の不動産屋としての信用がなくなってしまいます。

立野さんは、押し黙ってしまいました。

そして数日後、立野さんから再び連絡がありました。立野さんは私の説明に納得してくれたものの、太陽光のローンがたくさん残っているから、売電収入がなくなってしまうと困ると言うのです。


「それならば、今回の買主には事情を説明していったん売却をやめることにしましょう。そして、新たに売電収入が立野さんの方にいくような条件にして売るようにしませんか？」

私の提案に、立野さんは「んー……」と言ったまま、押し黙ってしまいました。

「それならば、売却後は買主さんから屋根と太陽光パネルを借りる契約をするのはいかがですか？　まあ、買主さんがいいと言うかどうかはわかりませんが……」

「それはいくらですか？」

「買主さんと相談してみないと、わかりません」

「んー……」

またしても立野さんが押し黙ってしまったので、私は別の提案をしました。

「太陽光パネルを屋根から外して持って行ったらどうですか？」

「そんなことをしたらお金がかかるし、新しい家にパネルを貼りなおしても、今の売電収入が得られるかどうかわからないし……」

立野さんは、この案は嫌なご様子。

ちなみに、電気屋さんにこの案について話したところ、雨漏りする恐れがあるからやめた方がよいとのことでした。

結局、すったもんだがあった挙句、買主さんが折れてくれました。折れてくれと頼んだわけではなく、立野さんの家が気に入ってぜひとも買いたいということで、自主的に立野さんの太陽光ローンの残債分のうち、1／3ならば上乗せして支払ってもよい、と言って下さったのです。

こうして、立野さんのお宅は売却することができました。

4章

不動産屋に行く前に、絶対に知っておきたい不動産取引の仕組み

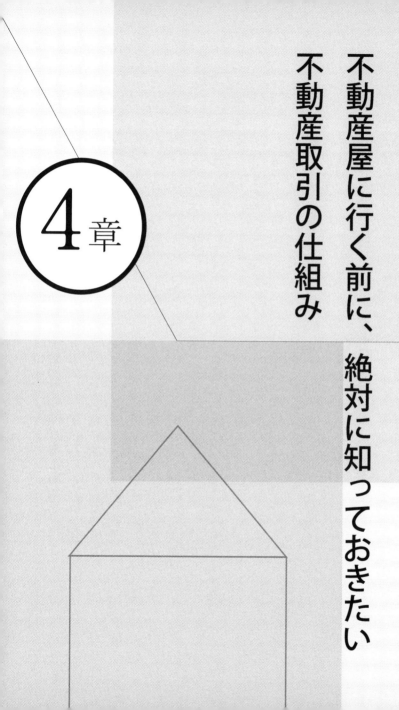

◆知らなきゃ危険！　詐欺師があなたを狙っているかもしれない

今、田舎の分譲地の持ち主を狙った詐欺事件が起きているのをご存知ですか？

先日、私のところに売却を依頼してきた三田義彦さんは、実際に詐欺師から電話がかかってきました。三田さんは東京都にお住まいですが、成田空港から車で10分ほどの場所に、１００坪ほどの土地を持っています。彼がこの土地を買ったのは、成田空港ができる数年前のことでした。

「実はね、私はここで工務店をやる予定だったんですよ」と言って、三田さんは話し始めました。それがどうして今でも更地なのかについては話さないまま、三田さんはそれからずっと草刈りを業者にお願いしている話とか、擁壁を作るのに１００万円以上かかった話とかをかれこれ30分以上も話し続けました。

「で、お宅に売却をお願いすると、いくらかかるの？」

三田さんは一通り自分が話したいことを話し終えると、こう質問してきました。

私が「通常の仲介業務の範囲内であれば、売れるまでお金はかからないですよ」と答えると、三田さんは「それなら助かるよ」と言って、詐欺師の話を始めたのです。以下がその時の会話です。

三田さん「いや実はね、東京の不動産屋から何度か電話があったんですよ」

私「そうだったんですか」

三田さん「うん。でもね、そこは東京からお客さんを連れてくるから、半年間で80万円の広告費を払えって言うんですよ」
私「そうですか。まあ、遠いところからお客さんを連れてくる場合には実費は請求されるかもしれないですが、80万円というのは高いですね」
三田さん「そうですよね！　それに私は売れても売れなくても80万円も広告費を払うなんて嫌だと思ったから、やめたんですけどね」
私「それはやめてよかったですよ。最近、そのような詐欺まがいのことをする業者の話を聞いたことがありましたから」
三田さん「えっ、そうなの！　あー、びっくり！」

三田さんとお話しするほんの数日前、私は自分が所属する宅建協会の研修を受け、ちょうど三田さんとまったく同じ事件の話を聞いてきたばかりでした。しかも、研修で聞いてきた事件の場合も、売主に請求した広告費は80万円でした。これには本当に驚きました。
この事件の業者は、リゾート物件の所有者から広告費80万円を受け取り、新聞広告を2回掲載したと主張していますが、広告費の領収書はありませんでした。しかも、リゾート物件は売れずに終わったのです。売主が広告費の返金を要求しても、この業者は返金に応じなかったため、売主から訴えられました。

ちなみに、不動産屋は売主の依頼に基づいて、新聞広告のように多額の費用がかかる広告をした場合の広告費や、遠方への出張交通費などについては、売主に実費を請求することができます。ですがこの業者は広告費の領収書がなく、実際に広告していたわけではなかったようです。

結局、業者は売主に80万円を返金し、30日の業務停止処分になりました。

行政もこの手の事件が起きていることは把握しているようです。これは、それほど頻繁に、田舎の土地の所有者を狙った同様の事件が起きていることを意味します。

田舎の土地を持っている方は、このような話にひっかからないよう、気をつけて下さい。

◆まずは不動産取引の大まかな流れを理解する

不動産を売る場合、専門的な知識をすべて覚えるのは不可能ですし、その必要もありません。でも、あなた自身の身を守るためにも、不動産取引の基本的な仕組みだけは知っておいてほしいと思います。

左ページの図解は、不動産取引の仕組みを簡単に説明したものです。もしもあなたが不動産屋に売却をお願いすると、不動産屋と〝媒介契約〟（後ほど説明）を交わします。すると不動産屋は、レインズというデータベースに、あなたの物件情報を登録します。契約形態によっては登録され

【不動産取引の仕組み】

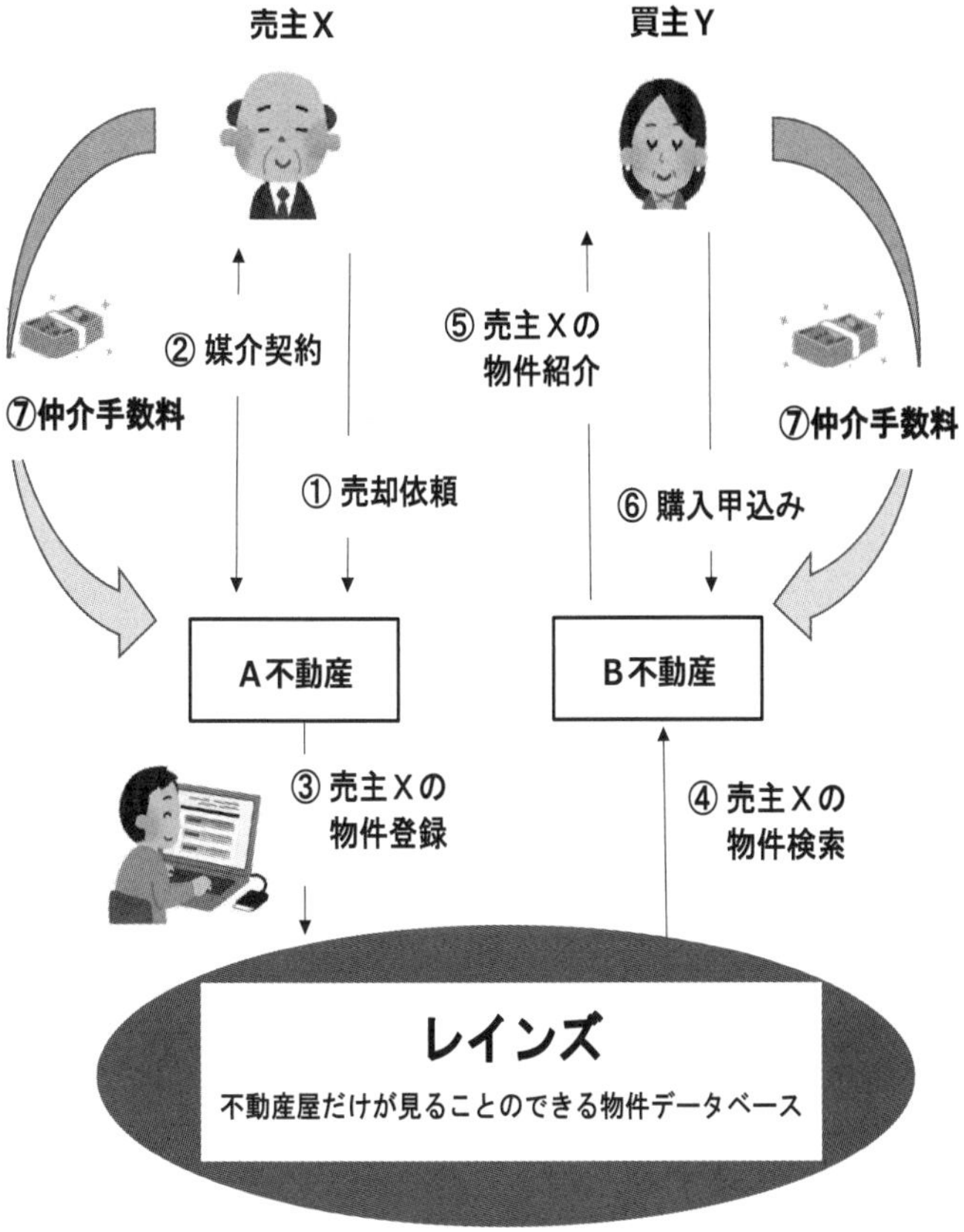
売主X
買主Y
② 媒介契約
① 売却依頼
⑤ 売主Xの
物件紹介
⑥ 購入甲込み
⑦仲介手数料
⑦仲介手数料
A不動産
B不動産
③ 売主Xの
物件登録
④ 売主Xの
物件検索
レインズ
不動産屋だけが見ることのできる物件データベース

ない場合もありますが、それについてはのちほど説明します。

レインズというのは、不動産屋だけが見ることができる物件データベースのことです。ここに登録されると、不動産屋ならば自由に見ることができ、自分のお客さんに紹介したいと思えば自由に紹介して売ることができます。

ここが、ほかの商売と不動産屋の商売との大きな違いです。つまり、不動産屋は自分が売主から売却を依頼された不動産のみならず、レインズに登録されている不動産であれば、自分のお客さんに自由に売ってよいのです。

ここまでは理解できたでしょうか？　私もこの仕組みを売主さんに説明するのがもっとも苦労します。売主さんはキョトンとした顔で、「だったら私は誰に仲介手数料を支払えばよいのですか？」とか、「買主を連れてきた業者さんにも仲介手数料を支払わなければならないのですか？」などと聞かれるからです。

Ｐ115の図解を見て下さい。あなたが売却を依頼した不動産がレインズに登録され、それを見た不動産屋が買主を連れてきた場合、あなたは売却を依頼した不動産屋に、買主は物件を紹介してくれた不動産屋に、それぞれ仲介手数料を支払うのです。

ちなみに、売主から売却を依頼された不動産屋が買主も自分で見つけた場合には、売主からも買主からも、仲介手数料をいただけます。これを業界では〝両手〟と呼び、アメリカでは利益相反取引として禁じられています。

ただ、「それならば日本でも禁止しろ！」と叫ぶ気には、私はなれません。田舎の安い土地ばかりを仲介している不動産屋は、〝両手〟でも赤字になってしまうのが実情だからです。なのに安易に両手仲介を禁じてしまえば、ただでさえ大手は扱わないような田舎の安い土地を売ってくれる業者はいなくなってしまいます。そうなれば、もっとも不利益を被るのは、田舎の土地を売りたいと思っている売主さんです。

話は若干横道にそれましたが、これが、不動産取引のおおまかな仕組みです。簡単ですよね？あなたが仲介手数料を払わなければならないのは、売却を依頼した不動産屋に対してだけだということだけを覚えておけばよいのです。

さらにつけ加えると、仲介手数料の上限は、宅建業法で決められています。２００万円以下の不動産の場合には５％、２００万円を超えて４００万円までならば４％＋２万円、４００万円を超える場合には３％＋６万円、が上限です（税別）。

◆媒介契約について、きちんと理解する

次に、媒介契約について説明します。媒介契約というのは、不動産屋に売却を依頼する際にあなたと不動産屋との間で交わす仲介についての契約のことです。これも、まったく知らない売主さんがほとんどですが、ぜひとも知っておいて下さい。というのは、どの媒介契約を選ぶのかによって、売主さんが得られる権利と不動産屋が負う義務が違うからです。

媒介契約の種類は3種類です。どのような違いがあるかについては、次ページの表にまとめましたので、まずはこの表をご覧下さい。

このような表は、ネットを検索すればすぐに出てきます。でも、この表を見ただけでは、いったいどの契約形態がよいのか、判断がつかない売主さんがほとんどです。

実際のところ、どの契約形態を選ぶかよりも重要なのは、どの不動産屋を選ぶかです。最初にあなたが持っている田舎の不動産をきちんと売ってくれそうな信頼できる不動産屋を選び、その後、媒介契約を選ぶことが肝心です。

表について、簡単にご説明しましょう。一般媒介契約は、一言でいうと、売主も不動産屋もお互いに自由な契約形態です。売主さんは何社もの不動産屋に売却を依頼することができます。そして不動産屋は、売主に対してなんら義務を負いません。売却活動の進捗状況について報告する義務もなければ、レインズに登録する義務もありません。契約の有効期限も特にありません。

【媒介契約の種類と違い】

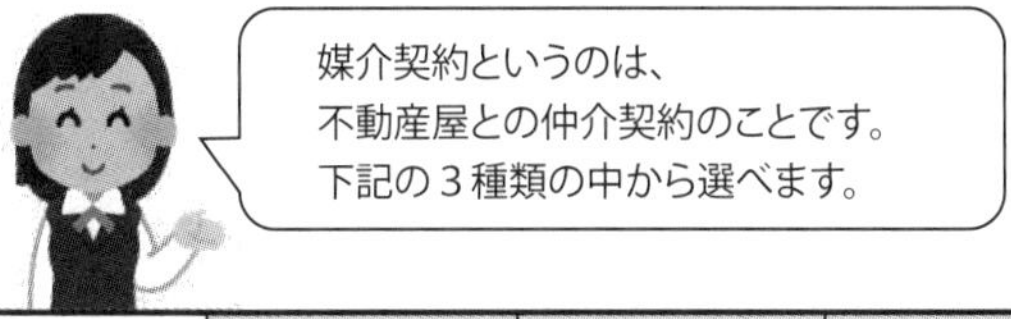
媒介契約というのは、
不動産屋との仲介契約のことです。
下記の３種類の中から選べます。

	専属専任媒介契約	専任媒介契約	一般媒介契約
他の業者にも売却を依頼できるか？	× できない	× できない	○ できる
自分で買主を見つけて個人間売買してもよいか？	× できない	○ できる	○ できる
契約の有効期限	3カ月以内	3カ月以内	規制なし
売却活動の報告義務	1週間に1回以上	2週間に1回以上	なし
レインズへの登録義務	契約日から5営業日以内に登録	契約日から5営業日以内に登録	なし

これに対して専任媒介契約と専属専任媒介契約の場合、売主さんは1社の不動産屋にしか売却を依頼できません。その代わり、不動産屋も売却活動の報告義務がありますし、レインズにも登録しなくてはなりません。これは、たった1社を信頼して売却を依頼してくれた売主さんのために、不動産屋もそれなりの責任を負うべきだからです。

専任媒介契約と専属専任媒介契約の違いは、専任媒介契約は自分で買主を見つけたら個人間売買をしてもよいのに対して、専属専任媒介契約の場合はそれができないことです。例えばお隣さんが「あら、お宅が売りに出ているならうちで買いたいわ」と言ってきたとしても、売却を依頼した不動産屋を通してしか取引できません。

◆不動産の査定価格について、きちんと理解する

最近、不動産の一括査定サイトが増えています。家や土地を売りたいと思ったら、こうしたサイトで査定を依頼すると、複数の不動産会社から査定価格を提示してもらえます。

ただ、一括査定サイトを利用する際に注意していただきたいのは、「査定価格で必ず売れる保証はない」ことです。不動産屋が「この価格で売れます」と言ったところで、実際にお金を払って買うのは買主です。その価格で買いたい人が現れなければ、査定価格がどんなに高くても、まったく意味がありません。

ちなみに、不動産屋は一件の査定案件を受けるのに、一括査定サイト運営業者に5千円から1万円を支払っています。いったい何のためにそれだけ高い料金を払ってまで査定をしたいのかといえば、売却を依頼してほしいからです。

ですので、売却を依頼してもらうために相場よりかなり高い査定価格を提示してくる場合だってあるのです。一度売却の依頼をもらってしまえばこっちのもの、売れなければ売れる価格に下げてもらえばよい、というわけです。

売主さんのほとんどが、そのようなことは知りません。だから高く売れると言った不動産屋に売却を依頼しようとします。

不動産の査定を依頼する際は、このような事情をきちんと理解し、安易に高い査定価格を提示してくる不動産屋に依頼するのは避けた方がよいでしょう。

◆田舎の安い物件を不動産屋に本気で売ってもらうためのちょっとした工夫

★安い田舎の不動産を売る場合、一般媒介契約はお勧めできない

さて、これまで媒介契約の種類を見てきましたが、基本的にどの契約形態を選ぶかは売主さんの自由です。

ただ、田舎の安い不動産を売る場合には、一般媒介契約はあまりお勧めできません。というのは、不動産屋にとっては大変不利な契約形態だからです。このため、まともに売ってもらえない可能性があるのです。現に、私はそのような売主さんを何人も見てきました。

では、一般媒介契約がどうして不動産屋にとって不利な契約なのか、次ページの図解をご覧下さい。

この図解の中で、売主をあなた自身に置き換えてみて下さい。あなたは田舎に持っている土地を売ろうと思い、A、B、C社に売却を依頼したところ、数カ月後にあなたの不動産はめでたく売れました。

どうして売れたのかというと、C社が懇意にしているD社に「こんな物件があるんだけど、誰か買いたい人、いないかな」と言って、情報を流したからです。するとD社は「ちょうどそんな土地を探しているお客さんがいますよ」と言って、あなたの土地を紹介したのです。

その結果、D社が連れてきたお客さんがあなたの土地を買うことになりました。

さて、ここで復習になりますが、あなたは誰に仲介手数料を払えばよいのかというと、売却を依頼したC社でしたよね？　そしてあなたの土地を買ったお客さんはD社に仲介手数料を払うのでしたよね。

すると、あなたが売却を依頼していたA社とB社は、どこから報酬をもらえばよいのでしょう？

2社ともあなたの土地の調査をして、ネット広告を出し、購入希望者を現地に案内したりして、手間暇かけています。

【一般媒介契約の仕組み】

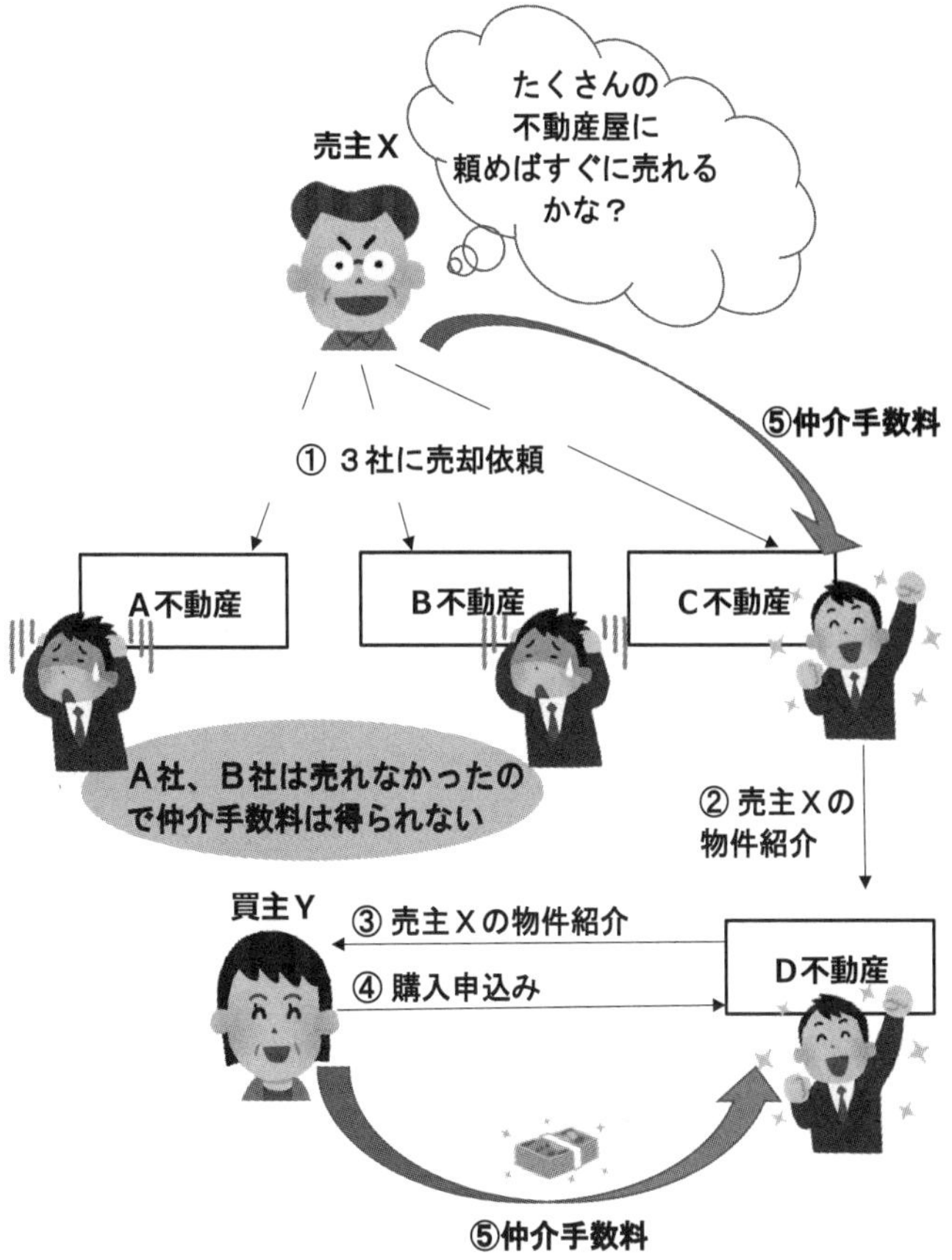

※報酬を得られるのは、売却することができた1社だけである。

でも、A社とB社は、どこからも報酬をもらえません。

都内の一等地であれば成約できた場合の報酬額が大きいので、一般媒介契約でも、不動産屋はやる気になることでしょう。それで問題があるとは思えません。

でも、田舎の100万円以下の土地を売ろうとした場合はどうでしょう？

不動産屋が得られる仲介手数料の上限は、宅建業法で決められています。ですので、安い土地の場合は仮に売れたとしても、不動産屋が得られる報酬はわずかです。にもかかわらず、あちこちの不動産屋に売却を依頼すれば、まともに売ってもらえなくなってしまう可能性があります。

しかも一般媒介契約は、不動産屋には何の義務もないのです。売主も自由なら、不動産屋も自由、というのが一般媒介契約です。

私は、一般媒介契約で田舎の土地を売りに出している売主さんから、売却の依頼を受けたことが何度もあります。その際、私が売主さんに「今、不動産屋に売却を依頼しているのなら、その不動産屋さんに売ってもらうようにした方がよいのでは？」というと、売主さんからは「不動産屋がなにもしてくれないから、困っている」との答えが返ってきます。

以前、売却の依頼を受けたので売主さんの土地を見に行ったところ、その土地には3社もの看板が立っていました。私も看板を立てれば一つの土地に四つもの看板が立てられることになります。

売主さんは看板を忌々しそうな顔で指さしながら、「これ、見て下さいよ！」と言って怒り出しました。

「看板立てに来ただけ！　あとは知らん顔ですよ。何もしてくれないんです」

売主さんはそう言いながら看板の方にズンズンと歩いていき、「こんなもの」と言って、看板を踏み倒してしまいました。

私はこの売主さんに、一般媒介契約がどのような契約なのかという話から始めなくてはなりませんでした。私の話を熱心に聞いていた売主さんは「そんなこと、知らなかったよ」とつぶやきました。より多くの不動産屋に売却を依頼した方がすぐに売ってもらえるのだと考えていたのです。

でも、実際は違いました。事務所に戻ってレインズを見てみると、この売主さんの土地は登録されていませんでした。それどころか、売主さんが売却を依頼している会社のホームページにも、不動産専門のホームページ（アットホームやヤフー不動産など）にも、この売主さんの情報はまったく掲載されていなかったのです。

どの媒介契約を選ぶかは、売主さんの自由です。ただ、売ってもらえなくては仕方がないので、田舎の安い不動産を売る場合には、こうしたことも考慮した方が無難です。

★相場を無視した価格にしない

売主さんの中には不動産屋の査定価格など聞きもせずに、「○円で売って下さい」とおっしゃる方が結構いらっしゃいます。

その理由はだいたい三つに分けられます。

(1)高く買ってしまったから安く売ったら損してしまうのでいやだ
(2)土地が○円で建物がだいたい×円くらいだから、合計□円
(3)自分には○円必要だから、○円で売る

冷静に考えればすぐに気づくかとは思いますが、これらすべてが自分の都合です。「いくらなら買ってもらえるか」という買い手のニーズはまったく反映されていません。どんな商売であれ、店側の都合だけで値づけして売れる商品など、ありません。不動産も同じです。売主がお店の店主、買主がお客さんと考えれば、ご理解いただけるかと思います。

確かに、高く買ってしまったのに安くしか売れないのは辛いですし、お金が必要だから土地を売るというのに、安くしか売れなければ当てが外れてしまいます。

それでもやはり、相場を無視した価格で売りに出すくらいなら、高く売れそうな時期を待った

方がよほどよいと言えます。

不動産屋は基本的に成功報酬です。ですので、たくさんの不動産の売却を依頼されても、売れなければ1円にもなりません。調査費用がかかるだけで終わってしまうのです。

ですので不動産屋の中には、「売れる価格で売らせてもらえないのであれば仲介を引き受けません」とホームページに明記しているところもあります。これには私も驚きましたが、そのホームページは人気があるので、そこまで強気なことが書けるのでしょう。ただ、どこも本音は同じと言えます。

【田舎不動産売買よもやま話④】
遠い場所にある不動産屋の査定価格と比較されて困った話

当社からすぐ近くにある山田剛さんのお宅に売却の査定に行った時のことです。一通り家の中と庭を拝見させていただいた後、「高くて700万円」と、査定金額を伝えました。

すると山田さんは渋い顔をして「んー……」と言った後、「実はほかの業者さんにも査定してもらったんだよ」と告白しました。

「で、その不動産屋はいくらだと言っているのですか?」

「980万円て、言っています」

私は驚きのあまり、言葉が出ませんでした。この界隈で、山田さんと同じような条件のお宅の場合、そんな高値で売れたケースはなかったからです。700万円でも、私は少し高めに出した価格でした。大抵、600万円前後で取引されているのが実情なのです。

それなのに980万円という査定価格を出した不動産屋はいったいどこの不動産屋なのかと思い聞いてみると、ここから車で1時間もかかるような場所にある不動産屋でした。

「その不動産屋は、この界隈の物件を売ったことがあると言っていましたか？」

私が山田さんに尋ねると、「あー、どうかなあ……」との答え。

私は山田さんに、近隣での取引事例を詳細に説明し、980万円では難しいことを伝えました。結局山田さんも納得し、遠くの不動産屋よりは近所の当社に売却を依頼して下さったのです。

ちなみに、遠くの物件の売却を依頼されたとき、不動産屋はどのようにして査定するか、ご存知ですか？　物件から一番近い、地元の不動産屋に電話して相場を聞くのです。でも、それではだいたいのところしかわかりません。

また、仮に正確な相場を知っていたとしても、〝戦略的に〟高い査定価格を伝える場合だってあります。そうすれば、気をよくした売主さんは売却を依頼してくれるからです。

たぶん山田さんが査定の依頼をした不動産屋は、売却を依頼してほしかったのでしょう。そうでなければ、あそこまで相場とかけ離れた金額を伝えるはずがありません。それか単に、知らなかっただけかもしれませんが……。

いずれにしても、困ったのはその後です。山田さんは何かにつけて〝980万円〟という数字を持ち出してきたからです。ですので、私からすれば相場より高めの

700万円で売却が決まった時も、山田さんはちっとも嬉しそうではありませんでした。

「もう少し高く売りに出していれば、売れたんじゃないかと思ったりもするんだけどね。どう思います？」

山田さんは、未練たらたらです。しかも、山田さんはびっくりするようなことを言いだしたのです。

「700万円で売るんだから、家の中のものは置いていってもいいよね？」

それは、山田さんが買主に約束したこととは違うことでした。山田さんは買主さんに「家の中はすっかり空っぽにして出ていきますよ」と言ったのです。それで買主さんも安心して購入を決めました。にもかかわらず、約束を反故にするようなことを言いだしたのです。

さすがに私も「今さら、それはまずいですよ」と厳しい口調で言いました。しかし山田さんは、「本当は980万円だったのに280万円も安くしたんだから、家の中のものを撤去するのくらい、やってもらってもいいんじゃないかと思って……」と主張してきたのです。

山田さんの中では、最初にほかの不動産屋が出した980万円という査定額が本当の価格で、そこから値引きしたという感覚だったのでしょう。私の査定価格で納得して売りに出したはずなのに、実際は違いました。

山田さんは、「買主さんに聞いてみるだけ聞いてみて下さい」とおっしゃいましたが、私は受けつけませんでした。「そんなことを言ったら、買わないと言われるかもしれないですよ」というと、ようやく山田さんは諦めました。

こうして結局、山田さんは約束通り、家の中の荷物をすべて撤去したのです。まあ、当然といえば、当然の話です。

5章

田舎の不動産を本気で売るための不動産屋選びはこうする

◆不動産屋に売れないと言われたからといって、簡単に諦めない

当社にはよく、田舎の土地の売却を不動産屋に断られてしまったけれど、どうしたらよいか、という相談が寄せられます。以前、埼玉にお住まいの方から埼玉の土地を売ってくれないかという相談を受けたことがありました。

仮にこの方をBさんとしておきましょう。以下は、この方との電話の内容です。

Bさん「ホームページを見たのですが、埼玉の土地を売っていただけませんか?」

私「申し訳ありませんが、埼玉は、当社の営業エリアではないのです」

Bさん「だったら私はどうすればよいでしょう? 埼玉の不動産屋に頼んだら、売れないって言われてしまったんです」

私「その不動産屋は、どうして売れないと言っていたのですか?」

Bさん「わかりませんけど、私の土地の前の道は狭くて、救急車も通れないからって言われました。でも、道幅を広げるっていうことは決まっているんです」

私「そうですか。で、聞いてみたのはその1社だけですか?」

Bさん「そうです」

私「だったら、別の不動産屋にも聞いてみた方がいいですよ」
Bさん「ほかの不動産屋なら売ってくれるということですか?」
私「必ず売ってくれると言い切ることはできませんが、とにかく売ってくれるという不動産屋が見つかるまで、探してみるしかありません。不動産屋によって、考え方は違いますからね」
Bさん「そういうものなのですか?」
私「そうですよ。大手なら売ってくれなくても、地元の小さな不動産屋なら売ってくれるかもしれませんから」

その後、Bさんがどうなったのかはわかりません。でも一つ言えるのは、たった1社に売却を断られたからといって、諦める必要などまったくない、ということです。ただ、どうして不動産屋は田舎の不動産を売ってくれないのか? その理由を知ることは田舎の不動産を処分する上で非常に役に立ちますので、これまでも書いてはきましたが、ここでもう少し詳しく書いていこうと思います。

★不動産屋に断られる理由の大半は「売れないから」ではなく、「売りたくないから」

田舎の土地を不動産屋が売りたがらないのは、労働の対価に見合わないほど安い報酬しか得られないためです。

不動産売買の仲介手数料は、宅建業法で上限が決められています。前の章でもお伝えしましたが、よく「3％＋6万円」という言葉を聞きませんか？　それが、400万円を超える不動産を売った場合の、手数料の上限です。ちなみに、田舎の場合50万や100万といった物件もざらにあります。その場合の仲介手数料の上限は、売却価格が200万円以下だと5％、200万円を超え400万円までならば4％＋2万円です。

つまり、不動産屋の生命線とも言うべき仲介手数料の上限は、かかった手間暇ではなく、売買価格によって決められるのです。ところが皮肉なことに、田舎の山林や空き家を売る方が、都内の高額なマンションを売るよりも、はるかに手間がかかります。

例えば、私が以前売った30万円の土地の場合、まずは場所がどこなのか、特定することから始めなくてはなりませんでした。本人さえ行ったことがないので、仕方ありません。その上、家が建つ土地かどうかが役所でさえ〝未判定〟だったため、それを判定してもらう手続きも必要でした。買主には現地に案内したり、だいたいこの場所だということを示すために動画サイトで動画を撮ってきて見せたりして、ようやく売ることができたのです。

さて、これで得られる報酬の上限はいくらかというと、まず、当社が売主から直接売却を依頼されていたため、売主からは1万5000円（税別）をいただけます。そして、当社で買主も見つけてきたため、買主からも1万5000円（税別）をいただき、合計3万円と税です。

様々な調査をして、写真を撮ってきて、広告して、重要事項説明書と契約書を作り、そしてようやくいただける額がわずか数万円では、必ず赤字になります。田舎の安い不動産の売却を依頼しても断られてしまうのは、このためです。

◆田舎の安い不動産の売却を、都心や大手の不動産屋に頼んではいけない

当社には、都心の不動産屋や、田舎であっても大手の不動産屋に売却を依頼して断られた、という売主さんが大勢いらっしゃいます。もう何社も断られ続けた挙句、ようやく畑の真ん中の当社にたどり着いた、という売主さんも少なくありません。

たぶん、売主さんとしては、大手ならばすぐに売ってくれるだろう、間違いがないだろう、との思いから、大手に売却を依頼するのだと思います。そのお気持ちは、よくわかります。

でも、大手の不動産屋にとって、田舎の売れるか売れないかわからない、しかも売れたとしてもほんのわずかな手数料しか得られない物件など、売りたくないというのが本音です。

それにそもそも、都心の不動産を売るためのスキルと、田舎の不動産を売るためのスキルとはまったく別物、と言っても過言ではありません。いつもピカピカのマンションや真四角の宅地を

売っている都心の不動産屋に、畑や山林、ボロボロの未登記の家を売るための知識など必要ないのです。現に、私がお会いした東京の不動産屋の方々は「農地法なんて、宅建のテキストの中だけの話かと思っていたよ」と言っていました。

だから普通は、都心の不動産屋に田舎の土地や建物の売却を頼んでも断られてしまうのですが、引き受けておきながら困ったことをする業者もいます。ある時、都心の不動産屋から電話がかかってきて、「当社のお客様が御社の近くの土地を売りたいと言っているのですが、売っていただけないでしょうか?」とおっしゃいます。ところがよくよく話を聞いてみると、都心の不動産屋が仲介手数料の6割を取り、私のところには4割しか出さないと言うのです。しかもその土地は、タダでももらってもらえないような土地でした。当然のことながら、お断りしましたが。

◆きちんと売ってくれる不動産屋はこうして見つける

田舎の不動産を売る場合、お勧めの方法は、あなたが売ろうとしている土地や建物から近い不動産屋を何社か絞り込んで、問い合わせをしてみることです。できれば車で10分か、せいぜい20分以内で行ける場所にある不動産屋に絞り込むのがポイントです。

理由は、不動産屋にしてみても、車で数分で行ける場所であれば、お客様の案内も苦になりませんし、ほかの物件を見せるついでに見せたりもできるからです。そうであれば、安くしか売れないような土地であっても、引き受けようという気になります。

また、地元の不動産屋であれば、地元の相場を熟知しています。よく、東京の不動産屋が当社の営業エリアの土地を信じられないくらい高い価格で売っているのを見かけますが、それは相場がわからないからです。東京から見れば、坪7万円なんてありえないほど安いのですが、地元民からすれば、ありえないほど高いのです。

田舎の場合、坪単価が1万円違っても、売れません。坪100万円が相場の土地ならば1万円上がっても大差ないかもしれませんが、坪2万円が相場の田舎の場合、1万円の違いはあまりにも大きすぎます。

今はネットの時代ですから、ネットを見ればどのエリアの土地がだいたいいくらで売りに出されているかはわかります。

でも、ネットに掲載されている価格は、あくまでも〝希望価格〟だということを、お忘れなく。田舎の土地の場合、すぐ隣の土地だからといって、隣と同じ価格で売れる保証など、どこにもありません。土地がどれだけ劣化しているか、地目は何なのか、家は建つのか、そうした諸々の条件が違えば、たとえ隣の土地であっても価格はまったく違ってしまうのです。

こうした地元の相場を熟知しているのが、いつも地元の不動産を売っている、地元の不動産屋です。あなたが売ろうとしている土地や建物に近い不動産屋を選んだ方がよいのは、このためです。

★ちゃんと売る気があるかをチェックする方法

さて、だいたいのあたりをつけたら、何社かに電話してみましょう。その際のポイントは、きちんと売ってくれるのか、本当に売る気はあるのか、丁寧に対応してくれるのかを見極めることです。

その際のチェックポイントは四つあります。

□あなたの不動産について、様々な質問をしてくるかどうか？
□現地を見に行くと言うかどうか？
□売れそうもないような場合でも、何とかして売れるようにする方法や処分法を提案してくれるか？
□あなたが、この人に売ってもらいたいと思えるかどうか

まず、本当に売る気がある不動産屋なら、あなたの不動産について、あれこれと質問してくるはずです。担当者によっては「まずは現地を見てきます」と言って電話を切った後、見に行ってからあれこれと質問をしてくるかもしれないですし、最初からたくさんの質問をしてくるかもしれません。いずれにしても、住所を聞いておしまい、ということにはならないはずです。

2番目のポイントは、現地を見に行くと言うかどうかです。「とにかく一度、見に行ってみますよ」と言うのであれば、まずは見に行ってくれるまで待ってみましょう。

そして3番目のポイントは、現地を見に行ってあれこれと調べてきた後、不動産屋がどのような対応をするかです。たとえなかなか売れそうもないような物件だったとしても、どうして売れそうもないのか、どのような工夫をすれば売れるのか、という提案をしてくれる不動案屋なら、本気で売ってくれる可能性が高いです。

逆に、このようなアクションが一切なく、いきなり「権利書のコピーと○○と××をファックスか何かで送っておいて下さい」とか、「媒介契約書を送るので、印鑑を押して送り返して下さい」というのであれば、売る気があるのか疑問です。

私もまだ不動産屋を始める前、アパートを売却したことがあったのですが、不動産屋に電話すると「契約はどうしますか？　一般ですか？　専任ですか？」といきなり聞かれました。「一般で」と答えると、「契約書を送りますんで、印鑑押して送り返して下さい」と言われただけでした。

それっきり、この不動産屋からの連絡はまったくなく、ほかの不動産屋にお願いしてアパートは売れました。

話は横道にそれましたが、本当に売ろうと思っているのであれば、現地を見に行くはずですし、疑問点を解消するためにたくさん質問するのが普通です。そうでなかったら、売る気はないのです。

田舎の不動産は、本当に売れないようなものもありますが、それでも親切な不動産屋であれば

「お隣さんが買ってくれるかもしれませんよ」とか、「看板を立てておけば、近所の人が駐車場や家庭菜園用地として買いたいって言うかもしれないですよ」といったアドバイスをしてくれるはずです。

　ですので、あなたが「この人は親切だな」「ウマが合いそうだな」と思えるような担当者にお願いするのがよいと思います。

【田舎不動産売買よもやま話⑤】
不動産屋を恨んでいる売主さんに困った話

塩田さんは、インターネットで売却の査定を申し込んできました。その日の午後、さっそく塩田さんのお宅に伺うと、塩田さんはボサボサの白髪頭にヨレヨレの短パン姿で玄関まで出てきました。

家の中に入ると、荷物の山。ゴミ屋敷とは言わないまでも、荷物があちこちに散乱していて、足の踏み場もないのです。かろうじて座布団1枚のスペースに座って話を聞いていると、塩田さんは「不動産屋なんて、みんな嘘つきだよ」と言い出しました。

塩田さんのお宅は1年以上も前から売りに出しているのにまだ売れないとのこと。「不動産屋からはどうなっているのか、報告もないんだよ」と言って塩田さんは怒り出しました。そこで私は「もしかして、一般媒介契約にしていませんか?」と聞いてみました。思った通りでした。塩田さんは複数の不動産屋に対し、一般媒介契約で売却を依頼していたのです。一般媒介契約には、報告の義務はありません。

にもかかわらず、塩田さんはすべての不動産屋に対して頻繁な状況報告を求めていました。

「売らせてほしいから、最初はどこもいいこと言うんだよ。報告してくれって言ったら、はいわかりましたってね。でもそれっきりだよ」と塩田さんは言います。

塩田さんの不動産屋に対する不満は、それ以外もたくさんありました。自分も忙しいのに買う気がないような客を連れてきたとか、詰めが甘いから土壇場で客に逃げられたとか、言いたい放題です。そして、どれもこれもダメなので、一旦すべての不動産屋との契約を取りやめ、新たにまた複数の不動産屋に査定を申し込んだとのことでした。

正直言って、私は塩田さんの仕事を引き受ける気にはなれませんでした。一生懸命にやっても文句ばかり言われるであろうことは、容易に想像がついたからです。でも、ここでやめてしまったら私も嘘つきな不動産屋の一人になってしまいます。とりあえず3カ月は引き受けることにしたのは、このような理由からです。

塩田さんは、私以外にも4社に査定を依頼していました。ところが結局、塩田さんのお宅の売却を引き受けたのは当社だけだったようです。インターネットのサイトにも当社以外、どこも塩田さんのお宅の情報を載せていませんでした。これで塩田さんはまた、「不動産屋なんてみんな嘘つきだ」との思いを強くしたに違いありません。

不動産業はクレーム産業だと言われています。どんなに精一杯の努力をしても、思わぬクレームがつくものなのです。だから、どの不動産屋もクレームになりそうなお客さんは最初から相手にしない、という習慣が身についているようです。未経験から不動産屋を始めた私は、そのように感じました。

でも、約束は約束です。できない約束なら最初からしてはいけないし、一度約束したら守らなくてはなりません。そんなことを考える出来事でした。

6章

相続した田舎の家を売るなら、こんな工夫を

◆こんなちょっとした工夫をするだけで、もっと早く、高く売れる

★汚い家は買い叩かれる

相続した実家を売りに出す際、やってしまいがちなのが、〝そのままの状態で売りに出す〟ことです。

そのままというのは、仏壇の花がカラカラに乾いてドライフラワー状態になり、布団は今朝起きたばかりなのかと思うような乱れようで、そして家のあちこちにレジ袋に入った荷物が置いてあるような状態のことです。もっとひどいお宅ですと、流しに洗っていない食器類が溜まったままだったりします。

私はこのような状態で売りに出されている中古の一戸建てをたくさん見てきました。お客さんに紹介するためではなく、自分が買うためです。というのは、こうしたお宅は、かなり安く買えるからです。

どうしてかというと、一般の方が誰も買わないからです。自分が住む家を探している方で、ましてや不動産のプロでもないような方は、汚い家を嫌います。自分がそこで生活しているイメージがわかないし、リフォームにいくらかかるかわからなくて不安だからです。

ですので、こうした不動産は、私のような者にとっては狙い目なのです。誰も買わないからこそ、

安く買えるのですから。でも、売主さんにとっては、安く叩き売るのは決して得とは言えません。

★掃除の際のポイントは水回り

ではいったいどうすればよいのでしょうか?

一番簡単で確実な方法は、きれいに片づけて掃除することです。荷物をすべて空にして空き家にする必要はありません。それにはかなりお金がかかってしまうので。

たとえ荷物があっても、きちんと整頓され、きれいに掃除してあれば、それだけで印象はまったく違います。

掃除する際のポイントは、水回りです。お金に余裕があれば、この部分に関してだけでもハウスクリーニングを入れるとよいかと思います。買主さんが一番気にするのが水回りだからです。ケルヒャーなどの高圧洗浄機をお持ちなら、外壁もきれいにしておくとなおよいでしょう。

こうして家の中をきれいにすることで、早く売れます。意外に知られていないかもしれませんが、早く売れるということはつまり、高く売れるということです。不動産は売れなければ次第に価格を下げていかざるを得ません。ですので、早く売れるのは高く売れるのと同じ意味だと言えます。

こうして買主が決まったら、家の中にあるもののうち必要なものを選んでもらい、それ以外を捨てるようにします。そうすることで、買主さんはタンスなどを買わなくて済みますし、売主さんはゴミを捨てる費用を節約できます。

◆田舎の家は越境なんて当たり前！　だから売れないということはない

田舎の不動産は、何か問題があって当たり前、すんなり売れるものの方が少ないと言えます。それなのに、何か一つでも問題があると売れないのでは、と思って諦めてしまう売主さんも大勢いらっしゃいます。

これからご紹介する小平友梨佳さんは、不動産屋に売却を依頼したところ、「杭がブロック塀に埋まってしまっているから売れない」と言われました。私が思うに、それは売却の依頼を断るための口実に過ぎません。小平さんのお宅は、杭以外にもたくさんの問題を抱えていた上、人気のない場所にあったからです。その上、ボロボロの空き家でした。

不動産屋からすれば、膨大な手間がかかるのにわずかばかりの手数料しかいただけないのでは割に合わない、ということで断ったのかと思います。でも、小平さんの家は、問題なく売れました。

何か問題があるから売れない、などということは決してありません。問題のある個所をすべて買主さんにお話しし、納得の上で買ってもらえば何の問題もないのです。

【ケース9】
何と隣地に7カ所も越境し放題の家を売りに出した小平友梨佳さんの場合

小平友梨佳さんは、2年ほど前に亡くなられたお母様から実家の家を相続しました。小平さんの実家は駄菓子屋を営んでいたのですが、もう何十年も前に店は畳んでしまい、お母様は店舗とひと続きになった住居で暮らしていました。小平さんが生まれ育った思い出深い家を手放そうと決めたのは、2人いる息子さんのいずれもいらないと言ったからです。それならば固定資産税を払い続けるのもばかばかしいし、売ろうと決めたのです。ところが地元の不動産屋に売却を依頼すると、杭がブロック塀の中に埋まっているという理由で断られてしまいました。そこで、新聞の折り込みチラシを見て、当社に売却を依頼してきたのです。

《小平友梨佳さんから売却の依頼を受けた際の会話内容より》

小平さん「この前、A不動産にお願いしたら断られちゃったの。売れないって。お宅もだめって言うと思ったんだけど、一応聞いてみようと思ったのよ」
私「ありがとうございます。ところでA不動産は、どうして売れないと言っているんですか？」
小平さん「たくさんあるんだけどね、まずは杭が塀の中に埋まっちゃっているのよ」
私「そうですか。でも、それならばその通りのことを告知すれば問題なく売れますよ」
小平さん「あらそうなの？　でもね、隣にうちの雨どいがはみ出しているのよ。それははみ出ないようにちゃんと工事するんだけどね」
私「それならば、問題ないですね」
小平さん「でも、うちの煙突が隣の敷地にはみ出ていたり、塀自体はうちのものなんだけど、隣の敷地にあったりするのよ。うちの汚水桝も隣の家の敷地にあるし、隣の家の汚水桝はうちの駐車場にあるし……」
私「そうですか。そうしたことはすべて合意書を作成して、お隣さんと買主さんが納得すれば、問題なく売れますよ」
小平さん「あらそうなの。だったら売りたいわ」

★お隣さんの家にはみ出したり、はみ出されたり、ごちゃごちゃな権利関係

田舎の場合、何かがはみ出ているというのは、日常茶飯事です。隣が親戚という場合も多いため、なあなあな関係で、お互いにはみ出したり、はみ出されたり、ということでやってきているからです。

ずっとその土地を持ち続けるのであれば、親戚同士なので何の問題もないのかもしれませんが、売るとなると、話は別です。

小平さんの実家の場合、「売れる」と言ったものの、かなり大変なことは目に見えていました。お隣さんと実際に会って話をしてみると、さらに問題があることがわかりました。小平さんの土地の一部には隣の親戚の小屋が建っていていたのです。そして、小平さんはその部分を除いて売りたい、と言い出しました。まあ、これは小平さんの希望というよりは、お隣さんからの要望ではありましたが。

この小屋が建っている土地を除いて売るには、まず〝分筆〟という作業が必要です。これは平たく言うと、小屋が建っている部分の土地がどこからどこまでで、何㎡あるのかを明確にした上で切り分ける作業と思って下さい。

ここでまた、問題が発生してしまいました。分筆もタダではないからです。この費用をお隣さんと小平さんのどちらが負担するのかを決めなくてはなりません。結局、小平さんがお隣さんに

小屋が建っている部分の土地をタダであげる代わりに、分筆費用はお隣さんが出すことで決着しました。

★はみ出した部分をどうするかは「合意書」を作って解決

ようやく小屋の問題が解決しても、一息つく暇などありませんでした。問題は山積みだったからです。

小平さんの家の雨どいがお隣さんの敷地にはみ出ていることについては、お隣さんから「売るのであればきちんとしてほしい」と要望があったため、小平さんは数十万円をかけて雨どいが越境しないように工事しなくてはならなくなりました。これは売却が決まってから工事するということで小平さんも納得して下さいました。

ところが今度は、お隣さんの小屋に雨どいがついていないため、小平さんの敷地に雨水がボタボタと落ちてしまっていることが判明しました。結局、お隣さんが雨どいをつけるということで話がつきました。ところがお隣さんがつけた雨どいは、小平さんの敷地にはみ出していたのです。

売却にあたり、お隣さんと買主さんとの間で、越境している部分についてどのようにするのかを決め、「合意書」を作成する必要がありました。その際、当然のことながら、お隣さんがはみ出して作った雨どいについても記載したところ、お隣さんから苦情が来てしまったのです。

「私は頼まれたから雨どいをつけたのですよ」とお隣さん。

「それなのに、合意書にわざわざ雨どいがはみ出ていると書かれるのは心外です」

これには困りました。

「おっしゃる通りなのですが、合意書には、現状確認としてはみ出ている部分はすべて記入する必要があります」と、私は言いました。お隣さんはしばらく考えた後、「わかりました」と言って納得して下さいました。

結局、汚水桝や花壇、屋根、トイレの煙突など、はみ出ている箇所は7カ所にも及びました。その中で扱いに最後まで苦労したのが花壇です。花壇は、小平さんの土地の、駐車場の壁の外側にありました。ほとんどはお隣さんのもので、小平さんの土地は駐車場の壁の近くの、ほんのわずかなスペースに過ぎませんでした。

お隣さんは、花壇は〝緩衝地帯〟として、お互いに使わないようにすることを望んでいました。というのも、土地が狭くて草花を植えるスペースがほとんどなかったからです。

ところが買主さんはほんのわずかなスペースであっても使うことを希望していました。ところが、買主さんが花壇を使うには、お隣さんの土地を通る必要がありました。お隣さんはそれを嫌がったのです。当然と言えば当然の話ではあります。

「お宅も、常識の範囲内で話をまとめて下さいよ」と、私はお隣さんからお叱りを受けてしまいました。

「いくら花壇の一部が新しい買主のものだと言ったって、うちの敷地を通って花壇の手入れをするなんて、困りますよ」

「そうですね。申し訳ありません」

謝るしかありませんでした。合意書を作成できなければ、売却自体できなくなってしまいます。

結局、一つ一つの問題をクリアして、何とか合意に至ったのは決済の2日前のことでした。

★ゴミを放置している部屋に、雨漏りがする台所。それでも買う人はいた！

小平さんの家の場合、お隣さんの家に何かがはみ出ているというのも問題でしたが、ほかにも問題がありました。ゴミをまったく片づけていない部屋があったり、水回りが汚なすぎること、そして台所は雨漏りがしていることでした。

「これでもね、家の中のものを片づけた方なのよ」と小平さんはおっしゃいます。

「業者を呼んで捨ててもらったら、40万もかかっちゃったわ」

まったく片づけていない部屋があったのは、たぶん予算オーバーになってしまったからなのだろうと、私は勝手に想像しました。

最初のお客さんを案内した時、2階の畳の部屋の真ん中に、何やら黒いモノが落ちているのが見えました。近づいてよく見てみると、私がこの世で一番嫌いな〝ゴキブリ〟が干からびていました。恐ろしくて、近づくのも嫌でしたが、お客さんはゴキブリにはまったく気づいていない様子。

私は、早くお客様が物件を見終わってほしいこと、そしてゴキブリに気づかないでほしいことだけを、心の中で祈り続けたものです。結局お客様はゴキブリには気づかず、今度は台所を見たいとおっしゃるので、一緒に階下へと降りていきました。

台所の床はブカブカして、腐っているようでした。お客様は床下収納を見たいと言い出し、自分でふたを開け、中の収納ボックスも取り出してしまいました。

「うわっ、これ何だろう?」

お客様が指さす方向に向かって懐中電灯を当てると、ぺしゃんこの平べったくて白いものが見えました。よく見てみると、それは白骨化した猫の死体でした。本当に、生きた心地がしませんでした。

それでも、私はこの家を何とかして売りたいと思いました。それは、小平さんが毎日、仏壇に手を合わせ、「どうか家が売れますように」とお祈りしていると聞いたからです。

結局、売りに出して4カ月目に、陶芸をやりたいという方に買っていただくことができました。元店舗だった部分の広い土間は陶芸をやるための場所にするのだとのことです。また、ほかの方にはボロボロの物件にしか見えなかったかもしれませんが、この買主さんは丁寧に意匠を施された襖や欄間も気に入られ、大切に残していきたいとおっしゃいました。

きっと、仏様が小平さんの願いを聞いて、この家を大切にしてくれる買主さんを見つけてくれたんだろうな、と思ったものです。本当によい方に買っていただき、私もうれしかったものです。

不動産というのは、結婚に似ています。世界中でたった1人の人に気に入ってもらえれば、それでよいのです。ほかのすべての人が絶対に買いたくないと言っても、たった1人、「ここをぜひほしい」と言ってくれる人を見つければ、それで売れるのです。

◆田舎の家は住宅ローンが通りにくい=売れないという問題はこうして解決する

【ケース10】
住宅ローンを使えない家を
売りに出した重田香里さんの場合

重田香里さんは、亡くなったお母様から田舎の実家を相続しました。ところが重田さんはずっと東京で仕事をしており、老後も田舎に住みたいと思ったことはまったくありません。そこで、空き家にしておいても傷んでいくだけだとの判断から実家を売りに出すことにしました。

《重田香里さんから売却の依頼を受けた際の会話内容より》

重田さん「この家はね、父が地元で一番の数寄屋造りの職人さんに頼んで建ててもらったのよ。床はね、全部無垢のヒノキなの」

私「素晴らしいですね。いつ建てられたのですか？」

重田さん「27年前よ。当時は土地もすごく高かったの」

私「そうですね。あのころはバブルでしたからね」

重田さん「そうなの。だからまあ、その当時の価格で売れるなんて思ってはいないんだけどね。でも、造りは本当にしっかりしているし、地盤改良だってしているのよ」

私「そうですか」

重田さん「ねえ、こっちに来てみて」

私「わー、すごく広い食糧庫ですね」

重田さん「そうなの。うちの両親は食べることにはすごく貪欲だったから、日本全国からおいしいものを買い集めていたほどなのよ」

私「そうでしたか。ここは田舎ですから、食糧庫があれば畑で収穫したものを保管しておくのにも便利ですよね」

重田さん「そうなのよ。本当にいい家だと思うんだけどね、私が田舎にはどうしても住みたくないから、処分するしかないのよね。で、いくらくらいで売れるかしら？」
私「もう少しお話を伺った上で、こちらも色々と調べてみないことには、具体的な金額が出せないですが、1000万円以下でないと厳しいかなとは思います」
重田さん「何それ！　車の価格じゃあるまいし、それって家の価格なの？　そんなに安いのに、いろいろ調べてみないとわからないって、どういうこと？」
私「実は田舎の場合、買主が住宅ローンを使えない状態のお宅が結構あるんですよ。その場合はもう少し安くするか、買主が住宅ローンを使える状態にするか、といった対応が必要です」
重田さん「えーっ！　ちょっと待ってよ！　こんなに安いんだから、現金で買える人に買ってもらえばいいだけなんじゃないの？」
私「それがなかなか、重田さんのように1000万円もの大金をポンと出せる人ばかりではないのですよ」
重田さん「私は別に、そんなことを言ってほしいわけじゃないわよ。こんなに安いのに、どうして対策なんかする必要があるのかと聞いているの」
私「田舎では、1000万円の家というのは高い部類に入ります。ですので、売っていくためには住宅ローンが組めるようにする必要はあるかと思います」
重田さん「へー……。まあ、あまりよくわからないけど、仕方ないわね」

私「とりあえず、いろいろと調べてご連絡しますよ」
重田さん「わかったわ」

★重田さんの土地を住宅ローンで購入する場合の問題点

調査の結果、重田さんのお宅はこのままでは買主が住宅ローンを使えないことがわかりました。その理由は次の二つです。

①車庫が未登記

銀行でローンを組む場合、建物すべてを登記している必要があります。ですが重田さんの場合、車庫は登記していませんでした。ですので、買主がローンを組めるようにするには、重田さんは車庫を登記する必要があります

②建物が建っている土地の地目が「雑種地」

大抵の銀行は、地目が「宅地」でないと融資してくれません。宅地でなくても貸してくれる銀行もないわけではないですが、わずかです。ですので、重田さんは地目も変更する必要があります。

ちなみに、重田さんのケースのほかにも住宅ローンを使えなかったり、使える銀行が限られてしまう場合があります。このことについてはのちほど説明します。

普通の銀行では住宅ローン審査に通らない場合の対応策としては、無担保住宅ローンを使う方法があります。これは抵当権を設定しない住宅ローンのことです。

といってもわかりづらいと思うので、わかりやすく説明します。

まず、一般的には銀行から住宅ローンの融資を受ける場合、銀行が家と土地に抵当権を設定して担保に取ります。こうすることによって、銀行は借り手がローンを払えなくなった場合には差し押さえ、競売にかけて貸したお金を回収することができます。

で、無担保住宅ローンというのは、土地にも建物にも抵当権を設定しない住宅ローンのことです。この場合、ローンを払えなくなっても家や土地を競売にかけられるわけではないので、不動産の価値はあまり問題にはなりません。借りる本人の支払い能力が問題となります。

ただ、大抵は1000万円程度までしか融資を受けられません。ですので、それ以上の融資を受けたい場合には使えません。また、金利は高めです。ただし抵当権を設定しないため、諸費用は安く済みます。

田舎の不動産は都銀やネット銀行など、金利が安い銀行はあまり貸してくれない傾向にありますし、地元の銀行でもさすがにお隣に何かがはみ出しているような家に融資はしてくれません。

でも、無担保住宅ローンは違います。家を担保にとるわけではないので、家に多少の問題があっても住宅ローンを借りることができます。田舎の不動産購入にとっては強い味方と言えます。

★買主からの激しい値引き交渉にどう対処すればよいのか？

さて、重田さんの話に戻りましょう。最初は強気の価格で売りに出してみたものの、売却活動は苦戦しました。重田さんにとっては素晴らしい家であっても、買主は「そうは言っても築30年近いじゃないの」と、シビアな見方をします。

重田さんはしぶしぶながらも、価格を下げることに同意して下さいました。それからしばらくして、購入希望者が現れました。

ところが買主は、何の根拠もないまま300万円もの大幅な値引きを要求してきたのです。まあ、田舎の不動産の場合にはよくある話です。田舎の不動産は驚くほど安いと信じている方が大勢いるからです。

それでも一応、重田さんに電話してみると、「それはないんじゃないの？　今のままの価格だって安すぎるくらいなのに、そこからさらに300万円も値引けだなんて、その人一体どういう人なの？」とご立腹。

その気持ちは私もよくわかるのですが、せっかく現れた購入希望者です。私は重田さんに提案しました。

「重田さん、これまで半年以上売りに出していて、ようやく見つかったお客さんです。すぐに断ってしまったりせず、せめて話し合いだけはしてみませんか？」

重田さんは少し考えた後、「そうね、ここで断ったらあとまた何カ月先になるかわからないわよね」と言い、話し合いを続けることに同意して下さいました。

その後、私は重田さんと買主の間に立って、お互いの妥協点を何とか見出そうとして奔走しました。これが本当に一苦労でした。というのも、重田さんは激しい値引きを要求してきた買主を嫌い、何かにつけ「もういいわ。そんな人に買ってもらわなくても」と言い出したからです。

それでも何とか１００万円の値引きで購入するという方向で話をまとめることができました。

★未登記建物の登記は売主がしなければならないのか？

買主さんは住宅ローンで家を購入することを希望されていましたが、前にもお伝えしたように、重田さんのお宅は未登記の車庫を登記し、地目を宅地に変更しない限り、住宅ローンは組めません。

私は最初、買主さんに無担保の住宅ローンをお勧めしてみました。ところが買主さんは、「金利が高すぎるよ」と言い出しました。そして、「どこの銀行から借りたって、いいんでしょ？自分で探すよ」と、私が住宅ローンに関わってくることを嫌がりました。

そこで私は重田さんに事情をお伝えし、未登記の車庫を登記して、地目を宅地に変更する必要があるとお伝えしました。

ところが重田さんは、これを断固として拒否したのです。

「なんで私が買主のためにそこまでしなきゃならないのよ！」と重田さんはご立腹。そして、定価で買ってくれるならばまだしも、値引きを要求するのであれば、登記も地目変更も買主の費用と負担でするべきだと主張したのです。

「でも重田さん、建物を登記するのは所有者に課せられた法律上の義務なんですよ」

私は火に油を注ぐようなことを言ってしまったようで、重田さんは猛反発してきました。

「そんなこと言ったって、増築したのに登記していない家なんてたくさんあるじゃない！　むしろ登記していない方が普通なくらいよ！　それで売っている家だってたくさんあるでしょ」

「確かにそうかもしれません。でも、今の買主さんに買っていただくには登記しないとローンが通りません。なので、その分もう少し値引きしなくて済むように交渉してみるようには致しますが……」

「いいわよ！　あんな人に買ってもらわなくたって。あんな人のために私がどうしてなんでもやってあげなきゃならないの？」

「そうですね。重田さんがそのようにお考えであれば、ほかの買主さんを探しますか？」

重田さんは黙り込んでしまいました。確かに未登記の建物の登記をするのは買主がローンを組むためですが、それは裏を返せば売るためでもあります。でも、今の重田さんにそんなことを言っても聞いてもらえるはずもありません。

重田さんは、「少し考えてから返事するわ」と言って、その場で買主との交渉を断ち切ることはかろうじて思いとどまりました。

★田舎の不動産は都銀やネット銀行はなかなか融資してくれない

結局、重田さんは未登記の車庫を登記し、地目も宅地に変更することに同意して下さいました。ところが今度は、買主さんの銀行選びが難航しました。買主さんは金利が安いネット銀行や都銀に当たることを希望していたからです。

私は買主さんに言いました。

「ネット銀行と都銀は貸してくれないと思いますよ」

「えー、そうなの?」と買主さんは私を疑いの目で見ながら言いました。

私は「ええ、たぶん厳しいと思います」と答えた後、その理由について説明しました。

「まず、ネット銀行は担保価値が低い田舎には貸さない傾向にあります。都銀もそうです。重田さんのお宅は非線引き区域(都市計画法上、都市計画区域でも市街化調整区域でもない区域)なのですが、都銀は市街化区域にしか貸さないところも結構あるのですよ」

「んー……」と言って考え込んだ後、買主さんは「でもダメもとでいくつか当たってみてもいいでしょ？　金利が安い方がいいに決まっているんだから」とおっしゃいました。

それから1ケ月ほど、買主さんは方々の銀行に融資の申し込みをしましたが、ことごとく断られてしまいました。そして結局、地元の地銀で借りることになったのです。

こうして、重田さんの〝長い戦いの日々〟は終わりました。

決済の日の重田さんは、本当によい顔をしていました。今までのイライラが嘘のように、穏やかで優しい、いつもの重田さんの顔です。

大抵の売り主さんは、決済の日にはとても晴れやかなよい顔をしています。まさに長い長いトンネルを抜け、日の当たる場所に出てきた、という感じの解放感あふれる顔です。この仕事で、お客様のこのような笑顔を見る時が、一番幸せです。一緒に戦い抜いてきた同志にも似たような熱い思いを、勝手に抱いてしまうからです。

重田さんは決済の後、わざわざお電話を下さいました。そして、今までありがとうと言って下さったのです。私も至らない部分がたくさんあったにもかかわらず、わざわざお電話まで下さった重田さんの思いやりに、本当に感激したものです。そして、重田さんが実家を売却し、肩の荷を降ろされたことは、本当によかったと思いました。

★銀行になかなか融資してもらえない田舎不動産の問題点と対策

買主が住宅ローンを使えるかどうかは、買主にとってはもちろんのこと、売主にとっても重要です。そこで、どのようなお宅の場合、住宅ローンが通りにくいのかについて、おおまかなところをご説明したいと思います。

買主が住宅ローンを使えない、あるいは使える銀行が限られてしまうのは、例えば次のような場合です。

◎越境がある

越境があるかどうかは、杭がないと正確なところはわかりません。もっと言えば、杭があったとしても杭がずれている場合もあり得ますので、本当に正確なところはきちんと測量してみないことにはわからないと言えます。大体のところを知りたいのであれば、杭と杭を結んだ線からはみ出ているものがあれば越境していることになります。

もしも杭がなかったとしても、住宅地の場合には塀から明らかにはみ出ているとか、木の枝が隣の家にはみ出ているなど、見た目でわかる場合があります。

こうした場合の対策は、第一に越境を解消することです。それができない場合には、必ず借りられると断言はできませんが、買主さんに無担保住宅ローンを使ってもらうことも考えられます。

◎未登記建物がある

建物を登記したかどうかわからない場合には、法務局で登記簿を取得します。もしも納屋などを登記した場合には、母屋の登記簿を取得すれば納屋は付属建物として出てきます。登記簿上に出てこない場合には、登記していないということです。

この場合の対策は、第一に未登記建物を登記することです。この場合、司法書士ではなく土地家屋調査士に依頼して下さい。

現金で買えるほど安い場合には、そのまま売りに出し、現金で買ってもらう方法もあります。また、買主が無担保住宅ローンを使う方法もあります。

◎違法建築

違法建築というのは法律に適合していない建築物のことです。この場合そもそも建築確認が通りませんので、建築確認を出さないで建てた場合、もしかすると違法建築物になっているかもしれません。あるいは自分で増改築などしてしまった場合も違法建築かもしれません。明らかに敷地いっぱいに建物が建っているような場合には、自分で増築した部分を撤去するほかないかもしれません。

◎既存不適格

既存不適格というのは、建物を建てた当初は法律に適合していたものの、途中で法律が変わったために新しい法律の下では違法建築となってしまう建物のことです。よくあるのが、建てた時は都市計画区域外だったのに、売る時は都市計画区域内になった場合です。都市計画区域内では建築基準法が適用されるので、法律上の要件を満たしていなくてはなりません。

あなたの家が既存不適格かどうか、その可能性を知るにはまず、建物を建てた時は都市計画区域外だったのに、今は都市計画区域内になっているかどうかを調べて下さい。役所の都市計画課などに聞けば教えてもらえます。

その結果、もしも該当する場合で、あまりにも狭い道路に面していたり、敷地いっぱいに建物が建っている場合には既存不適格の可能性があります。

実際のところどうなのかについては、建てた時の資料一式を持って役所の建築指導課や建築宅地課などに聞きに行って下さい。

◎地目が宅地でない

ほとんどの銀行は、宅地にしか融資しません。地目がなんなのかは法務局で登記簿を取ればわかります。もしも地目が農地だった場合はそのままでは売買自体ができませんが、雑種地や山林だった場合には、買主が住宅ローンを使う場合のことを考えなくてはなりません。

ただしこの場合、すぐに地目を変更してはいけません。買主が決まってからにして下さい。というのは、地目が宅地でなくても貸してくれる銀行もありますし、土地が広い場合にすべての面積を宅地に変えてしまえば固定資産税が跳ね上がるからです。

ちなみに、我が家は土地が２０００坪ほどありますが、地目は山林です。このためになかなか融資してくれる銀行がなくて苦しみましたが、それでも貸してくれる銀行はありました。

◎建築確認を取っていない

建築確認を取っていない場合は、三つのパターンに分けて考える必要があります。まず、取らなくてはならないのに取っていない場合は、信金などの無担保住宅ローンを使えば可能性がないわけではありません。

二つめは、建築確認を取らなくてよいから取っていない場合です。都市計画区域外であれば建築確認が不要なので、取らなくても合法です。でも、融資となれば話は別です。建築確認を取っていなくても融資してくれる銀行を探す必要があります。地元の地銀や信金ならば問題ないでしょう。

三つめは、建築当時は建築確認を取らなくてよかったけれど、今は取らなくてはならない場合です。建築当時に都市計画区域外だったけれど、今は都市計画区域内の場合が該当します。この場合も、地元の地銀や信金ならば貸してもらえます。

◎担保評価が低すぎる場合

田舎の安い土地の上に築年数の古い建物が建っている場合、土地も建物も担保価値がありません。このような場合、都銀やネット銀行は貸してくれないでしょう。地元の地銀や信金などを当たれば問題ありません。

◎私道の持ち分がない場合

敷地が私道に面していて、その私道の所有権がない場合、融資してもらえない可能性があります。敷地が公道に面しているかどうかは役所の都市計画課や道路管理課などに聞いてみて下さい。公道に面していない場合には、権利書を見て「公衆用道路」という地目があれば道路の持ち分があるということです。あるいは「山林」など、地目は「公衆用道路」でなくても、持ち分何分の一という記載があれば、私道の持ち分があることを意味します。そうでない場合は、私道の持ち分がないかもしれません。

私道の持ち分がない場合には、買主に現金で買ってもらうか、貸してくれる銀行を探してもらう必要があります。

◎再建築できないかその可能性がある

例えば次のような場合、再建築できないか、その可能性が高いと言えます。

①市街化調整区域に建っている農家住宅
②敷地が建築基準法上の道路に接していない
③敷地が道路と2メートル未満しか接していない

【田舎不動産売買よもやま話⑥】
売主さんと買主さんが負担すべき費用でもめて困った話

売主さんと買主さんが〝費用の負担〟でもめることが結構あります。ケース10の重田さんの場合（P158）も、未登記部分の登記費用と地目変更費をどちらが負担するべきかでもめました。

これはまだ常識的な範囲と思うのですが、中には第1章のよもやま話（P40）で紹介したように、売主さんの交通費まで買主さんに負担させようとする方もいらっしゃいます。

ほかにも以前にもめた例は、共同テレビアンテナの受信料金についてです。売主さんのお宅は、電波障害がある地域だったので、共同テレビアンテナを受信してテレビを見ていました。

ここを売却することになった際、私は売主さんから相談を受けました。それは、もしも売主さんが共同テレビアンテナの契約を終了してしまうと、買主さんが再び契約するには16万円もの契約金が必要になるからです。

そこで私は、買主が決まるまでの間、契約を継続しておいた方が売りやすいとお伝えしました。買主に余計な負担をかけてしまうと、その分値引き交渉されたりもするので、それよりは毎月1000円の受信料を払い続けておいた方がよいのではないかという理由からです。

売主さんは私の提案に納得し、売却活動がスタートしました。ところが売却まで10カ月もかかってしまいました。ですので売主さんは10カ月分＝1万円もの受信料を払い続けることになってしまったのです。

そこで売主さんは、その1万円は買主が支払うべきだと言い出しました。本来であれば共同テレビアンテナを新規で契約すれば16万円もかかるところを、売主さんが契約を継続してきたために1万円で済んだのだから、それくらいは支払って当然だとの主張です。

私は、引き渡し日までは売主さんのお宅なのだから、それはできないと説明したのですが、売主さんは頑として聞き入れてくれません。そんなことであれば、最初から契約を解除していたのにと言って、激しく抗議してきたのです。

結局、売主さんから買主さんに共同テレビアンテナの受信機を譲渡するという名目にして、1万円は買主さんに支払ってもらいました。でも、やはりこれは売主さんが支払うべき費用です。

ほかにも、こんなことがありました。今度は買主さんの方なのですが、買主さんは一日も早い引き渡しを求めていました。ところがもともと売主さんは数カ月後でないと引き渡せないという条件で売りに出していたのです。

そこで買主さんは、契約して手付金を支払ったら、トレーラーハウスを2台置かせてほしいと主張してきました。手付金は多めに支払うので、それで話してみてほしいとおっしゃいます。

しかし当然のことではありますが、売主さんは怒り出してしまいました。「きちんと賃貸借契約を結んで賃料を支払うのならまだしも、まだ自分の土地なのにそんな勝手なことをされては困る」とおっしゃいます。

そのことを買主さんに伝えると、買主さんも怒り出してしまいました。

「なんてケチな人なの！　どうせ買うんだから、いいじゃない」と、勝手な主張をしてきます。

でも、その主張はさすがに通るはずもありません。万が一、買主が残金を支払えず、トレーラーを放置でもされたら、誰が責任を負うのか、と私は買主さんに言いました。

買主さんは、「万が一？　私は確率でものを考えるんだけど。その方が効率的でしょ」と反論してきました。私は、「契約というのは、その〝万が一〟のためにするものなのですよ」と言いたいところをぐっと抑え、「とにかく買主さんはダメだと言っています」とお伝えしました。

ほかに私が驚いたのは、家を売る際には家の中の荷物をすべて置いていくと言っていた売主さんのことです。この売主さんのお宅を買主さんと訪れた際、売主さんは突然、「このテレビは高かったし、新しいの」と言い出しました。そして、「2万でどうですか?」と言って、置いていくはずだったテレビを買主に売ろうとしたのです。

こうした驚きの体験が続いた後、私は「売主様へ」と「買主様へ」という2種類の文書を作成しました。トラブルを避けるには、費用負担などについてあらかじめきちんと説明しておく必要があると、痛感したためです。

7章

田舎のボロボロの空き家はこうして売る

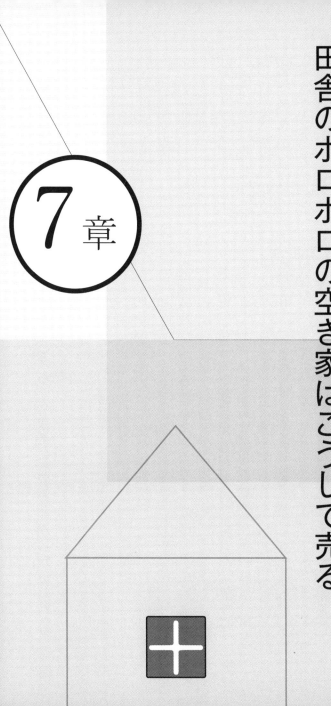

◆ちょっと待って！　解体して更地にしたら、今以上に売れなくなるかもしれない

もし、あなたが売ろうとしているお宅が、左ページの写真のような状態だったら、どうしますか？

解体して、更地にしないと売れないと思いますか？

実は田舎の場合、古い家を解体して更地にしたら、売れなくなってしまう場合があります。

当社の近所には、空き地だらけの分譲地がいくつもあるのですが、更地の状態ではなかなか売れません。

具体的な例を挙げますと、50坪の更地を60万円で売りに出しても問い合わせはほとんどありませんでした。たまに問い合わせがあったとしても、ほとんどの方が購入には至りません。

なぜかというと、田舎の土地に家を建てるには、かなりお金がかかってしまうからです。田舎の場合、都心のように上下水道が整備されている土地はほとんどありません。飲用水は井戸を掘らなくてはならなかったり、前面道路に上水道がきていたとしても、敷地まで引き込むところから始めなくてはならないのです。下水はというと、浄化槽を設置するだけならまだしも、側溝がない場合には敷地内に浸透させて処理するための設備が必要です。ですから、上下水道を自前で整備するだけで、土地代をはるかに上回る費用がかかってしまうのが現実です。

ボロボロの家

それでも田舎では更地にするより売りやすい

これがもし、たとえボロボロであったとしても家が建っていたらどうでしょう? 修理しなければ使えないにしても、上下水道のインフラを一から整備しなくて済むのです。家もリフォームした方が、新築で建てるよりは安く上がります。

こうした理由から、50坪で60万円の更地よりは、古い家が建っている250万円の土地の方が売れます。安ければ、買ったあと工夫して住もうという人がいますし、趣味のための家として買う方もいらっしゃいます。人に貸そうという方もいらっしゃいます。

ですので、田舎の場合、古い家が建っているからといって最初から取り壊して売りに出すのではなく、そのままの状態で売った方が売れる可能性が高いといえます。

建物に問題がある場合には、その事実をきちんと買主にお伝えした上で売ればまったく問題ありません。伝えていなければ後から文句を言われたり損害賠償を請求されたりする可能性がありますが、きちんと伝えていれば、買主もそれを納得の上で買うのですから、文句を言われる心配はないのです。

心配ならば、古家つきの土地として売ることもできます。そうすれば、建物について文句を言われずにすみます。

◆ボロボロでも、家があることに価値を見出す買主がいる

最近は不動産投資がブームになっています。これまでは不動産投資というとアパートや区分所有マンションがメインでしたが、最近は一戸建てに投資する方も増えています。

その主な理由は、次の五つです。

①アパートを購入するよりも安い

アパートであれば、安くても1000万円前後はします。ところが田舎の中古一戸建てならば、250~300万円程度から手に入りますし、もっと安い場合もあります。これならば、銀行からお金を借りることなく、自己資金で購入することができます。ですので、より堅実な投資をしたいという投資家から人気があります。

②手間がかからない

アパートの場合、何かと手間がかかります。退去するたびに原状回復費用がかかってしまったり、ちょこまかとした修理が必要な場合があります。エアコンが壊れたら新品を買わなければな

らないですし、共用部分の庭の草取りなどもしなくてはなりません。

これに対して一戸建ての場合には、エアコンは入居者につけてもらうようにすることもできますし、庭の草取りは入居者にしてもらうのが普通です。一戸建ての場合は、一度貸してしまえばほとんど手がかからないのです。

③ランニングコストが安い

アパートの場合、浄化槽の清掃費用や共用廊下の電気代などは大家さんが負担します。もちろんその分を家賃のほかに共益費として徴収することは可能ですが、あまりにも共益費が高ければ、もっと安いアパートに入居者を奪われてしまいます。

これに対して一戸建ての場合は、まず共用部分というものが存在しません。ですのでアパートのように共用廊下の電気代を大家さんが負担する必要はありません。浄化槽も、アパートのように何軒かで一つの浄化槽を共用するわけではなく、一軒のお宅で使うわけですから、それは借主が直接、業者に浄化槽の清掃代金を支払うという契約にできます。

④長く住んでもらえる可能性が高い

一戸建ての場合、アパートよりも長く住んでもらえる可能性が高いと言えます。私が貸してい

投資しているのは、長く住もうと思っているからです。そして実際、長く住んで下さっています。

は、大家である私がそうしてよいと承諾したからではありますが。入居者がこうして少なからず

井のクロスを明るめのものに取り換えたりと、住みやすいように工夫しています。もちろんそれ

る何軒かのお宅は、入居者が庭にウッドデッキをつけたり、家のドアを新品に取り換えたり、天

⑤一般的に、アパートよりも競争力がある

一戸建ての賃貸はまだまだ需要の割に供給が少ないので、競争力があります。私が今年買ったボロボロの一戸建ては、きれいにリフォームしたとはいえ、造りが古いことは隠しようもありませんでした。

しかも、玄関を入るとすぐにキッチンです。これも新品に取り替えはしたものの、今ではあり得ない間取りです。

お風呂も今どきの〝ユニットバス〟などではありません。風呂釜を交換し、壁はペンキを塗ったものの、洗濯機もお風呂場に置くしかないような造りになっています。

和室をフローリングに交換したのは、和室が不人気だからという理由ではなく、床が朽ちていたのでそうせざるを得なかったからです。

これを私は、「田園風景の中で昭和レトロな生活を」とのキャッチコピーとともに、広告しま

した。すると意外にも、あっという間に入居者が決まってしまったのです。

⑥売る時に売りやすい

一戸建てがアパートよりも売りやすいのは、主に次の三つの理由からです。

⑴入居者がそのまま買ってくれる場合がある

私はここ2年ほどの間に一戸建てを買って貸しに出すようになったのですが、そこで驚いたのは、入居希望者からこう聞かれることです。

「この物件は、もしも借りた後に買いたいと思ったら買うことはできますか？」

そう聞かれなかった場合でも、こちらから「買いませんか？」と声をかけたら買いたいとおっしゃっていただいたこともあります。

⑵空き家にして住宅として売れば、買主が銀行から住宅ローンを借りられる

田舎の投資用のアパートはなかなか銀行が融資してくれませんが、一戸建ては違います。空き家の状態にして売りに出し、そこに住みたいという人に売るのなら、大抵の場合、住宅ローンを借りることができます。

P181 の写真下の家をリフォーム

畳をフローリングにし
〝和モダン〟なお部屋に

キッチンは新品に交換

お風呂は風呂釜だけ交換。
これなら安く済みます

⑶入居者がいる状態で売れば、投資家に売れる

このことについては、後ほど詳しく説明します。

田舎の一戸建てに投資する方が増えているのは、このような理由によります。ですので、ボロボロだからといって、やみくもに取り壊すのではなく、取り壊さないでも売れるのかどうか、取り壊したらかえって売れなくなってしまわないかといったことを十分に検討する必要があります。

【ケース11】
10年も空き家にしていた家を売りに出した
酒井利夫さんの場合

酒井利夫さんは現在、北海道にお住まいです。酒井さんはずっと食品メーカーの営業マンをしていたのですが、10年ほど前、北海道に転勤となりました。その際、いつかは住み慣れた自宅に戻ってこようと思ったので、売却したり貸したりすることもなく、そのままにしておきました。ただ、

空き家のまま放置しておけば家が傷んでしまうと考えたので、近所に住む娘夫婦に月1回くらいのペースで風通しと簡単な清掃をお願いしていたのです。ところが2年前、定年退職を目前にして奥様が脳梗塞で倒れ、介護が必要となってしまいました。空き家にしていた自宅に戻ろうにも、家は急な坂道を登らなければならないような場所に建ってます。その上、家の2階に行くには急な階段を昇らなければなりません。家の中は段差だらけで廊下も狭く、バリアフリーとはほど遠い造りです。こうしたことから、酒井さんは仕方なく、自宅を売却することにしたのです。

《酒井利夫さんから売却の依頼を受けた際の会話内容より》

酒井さん「10年くらい前から住んでいない家を売りたいのですが」
私「ご自宅ですか?」
酒井さん「はい」
私「10年くらい空き家になっているということは、家の中が結構傷んでいるかもしれませんね」
酒井さん「いいえ、そんなことはないと思いますよ。娘夫婦が定期的に風通しをしに行っているのですから」

私　「どの程度の頻度で行っていらっしゃるのですか？」
酒井さん「月に1回くらいは行っているとは思うのですがね」
私　「そうですか」
酒井さん　「ええ。行ったときにはきちんと報告を受けていますけれど、台所の床が少しぶかぶかする程度で、ほかは何ともないですよ」
私　「そうですか。床がぶかぶかするということは、シロアリの被害がある可能性もありますが、シロアリの予防はしていますか？」
酒井さん　「いいえ、していません。でもまさか、シロアリなんてねえ。ぶかぶかしているのは台所だけなんですよ。まあ、築30年ですから、多少はガタがきているのでしょうね」
私　「なるほど。では一度、現場を拝見させてください。どんな状態なのか見てみないことにはわからないですから」
酒井さん　「そうですよね。では、お願いします」

★月に一度、風を通していたはずなのに白アリ被害が発生

さっそく酒井さんのお宅に行ってみたところ、外をぐるりと回っただけで、シロアリが食害し

た後があるのがすぐにわかりました。その部分を人差し指で軽く押してみると、すぐにボロボロと木がはがれ落ち、穴が開いてしまいました。

ところがこのことを酒井さんにお伝えしたところ、「そんなはずはない」と言って、怒り出してしまったのです。定期的に娘夫婦が見に行って、きちんと風通しもしているのだから、シロアリがいたらすぐにわかるはずだというのが、酒井さんの言い分です。怒ってしまった酒井さんは、誰かが外壁に穴をあけたに違いないと言いだす始末です。

家というのは、人が住まなくなれば急速に劣化していきます。窓をびっしりと閉めきり、家の周りも草ボーボーにしておけば、じめじめしてシロアリがわいてもおかしくはありません。そもそも、人が住んでいる家でさえ、白アリ被害は発生するのですから、人も住んでおらず、白アリの予防もしていないのであればなおさらです。

酒井さんの庭には、これでもかというほどたくさんのモノが置かれていました。家の周りを囲うようにして、プラスチックのケースが山のように積み上げられています。その中にはたくさんの〝捨てられないもの〟が詰まっていました。それだけでも風通しが悪いのに、ベランダは果樹の葉が覆いかぶさっていて、庭のいたるところに木の切り株がありました。これではシロアリもわくはずです。

10年も空き家にしておけば、たまに見に来たところで家が傷んでいくのは当たり前です。台所の床は、酒井さんが言っていた通り、ぶかぶかして今にも抜けそうな状態でした。戸袋には鳥の巣もありました。床をはがしてみると、篠竹（竹の一種）がびっしりと生えていて、これには本当に驚きました。

結局、酒井さんにはこうした状況のすべてを写真にとってお見せしたところ、怒りも静まり、納得していただくことができたのです。

★売った後に何があっても責任を負わずに済むようにして売る

ところで、こうした状態を知らずに売ってしまうとどうなると思いますか？　売主には〝瑕疵《かし》担保責任〟というものがあります。これは、自分が売った土地や建物に重大な問題があれば、売った後でも弁償しなければならない責任があるという意味です。ですので売ってしまってからシロアリや雨漏りの被害が見つかれば、損害賠償を請求される可能性もあるのです。

では、このような場合、売った後の責任を取らずに済む方法はないのかというと、二つ方法があります。一つは、〝瑕疵担保免責〟として売る方法、二つ目は、古家つきの土地として売る方法です。

一つ目の〝瑕疵担保免責〟で売る場合、一つだけ注意が必要です。それは、知っているのに告げなかったことについては、免責にならないことです。例えば、売主がシロアリの被害を知っていて、そのことを買主に告げずに売ってしまった場合には、責任を問われることになります。こうした場合には、重要事項説明書に添付する告知書というものに、シロアリの被害があったことを正直に書き、買主にも納得してもらった上で売らなくてはなりません。

ちなみに、重要事項説明書というのは、買主が不動産を購入するかしないかを判断するための情報をまとめた書類のことです。「こんなこと知っていたら買わなかったよ」というような悪い情報は、必ず記載しなくてはならないルールになっています。

次に二つ目の、古家つきの土地として売る方法については、あくまで土地として売るわけですから、建物にいかなる欠陥があっても、そのことで責任を問われることはありません。

古い家を売る場合、後から責任を追及されても困るということで、大抵は〝瑕疵担保免責〟で売買されています。酒井さんの場合もそうでした。古くてボロボロのお宅の場合、最初から瑕疵担保免責で売った方が無難です。

一つだけ、誤解のないように補足します。古家つきの土地か瑕疵担保免責として売れば責任を負わずに済むなら、なんでもかんでもそうすればいいかといえば、それは違います。真新しい家を古家つきの土地として売れば、建物の価値はゼロと見なされ、土地代だけになってしまいます。瑕疵担保免責として売れば、「こんなに新しいのに、何か問題があるんじゃないか?」と思われて売れなくなるばかりでなく、売値も下がってしまいます。自分に一方的に有利な条件で高く売ろうとしても、それは簡単なことではないのです。

◆空き家は入居者を入れれば投資物件として売ることができる

★田舎の空き家を投資物件として売る場合、利回りが重要

ボロボロではないものの、なかなか売れそうもない空き家の場合、賃借人がいれば投資物件として売ることができます。

その場合、〝収益率〟が重要になってきます。収益率は、投資した資金を毎年何%ずつ回収できるかを示す数字です。

例えば空き家を月5万円で貸し、その状態で投資家に400万円で売ったとすると、収益率は15%になります。月5万円の家賃ということは、1年間で60万円の家賃収入が得られます。購入資金400万円のうち毎年60万円の家賃収入が得られるということは、60万円÷400万円×100=15%の収益率という計算になります。

ちなみに、田舎の空き家を貸しに出し、投資物件として売ることを検討される場合には、収益率は最低でも12%、できれば15%以上を見ておいた方がよいでしょう。

もしかすると、これだけ安ければ、投資物件としてではなく普通に売りに出しても売れる可能性があります。その可能性が高い場合には、そうした方がよいかもしれません。ですが、地域に

【空き家に入居者を入れて投資家に売るには？】

空き家を月５万円で貸し、投資家に４００万円で売るとした場合

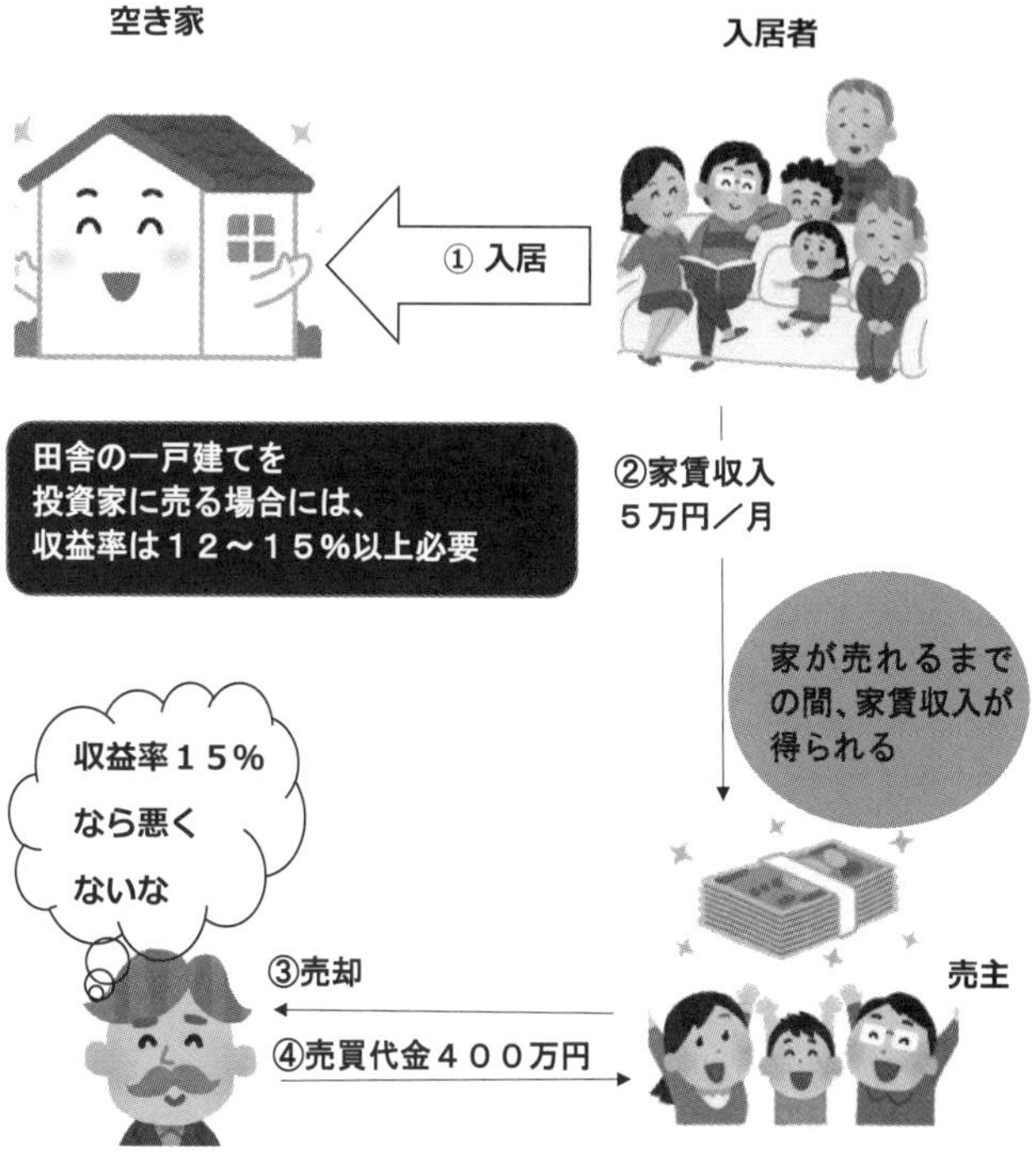

※収益率１５％というのは、投資した４００万円の１５％＝６０万円を毎年回収できるという意味。

よっては400万円くらいでたくさんの中古一戸建てが売りに出ていて、そのままではなかなか売れないというような場所もあります。また、安くてもなかなか売れないような場所もあります。こうした場合には、入居者を入れて投資物件として売りに出した方がよいのです。

また、このような考え方ではなく、最初から、何年か貸してから売ることを想定し、賃貸と売却と双方で利益を確保するという考え方もできます。例えば、最初の2年間は投資物件として貸しに出し、最終的には400万円で収益物件として売りに出すという計画を立てた場合、2年間の賃料120万円も合わせると、520万円で売れたという計算になります。

★空き家を投資物件として売る場合の意外なメリットとは

入居者（借り手）がいる状態で売りに出す場合、買主は建物内部を見ることができません。売主が居住中の場合、購入希望者には建物内部を見せますが、借主が入居中の場合は違います。借主がいる限り、建物内部を見せる必要はないのです。ですので、不動産屋の中には、競売で戸建て住宅を競落し、落札後も債務者（もともとの所有者）に賃料を支払ってもらって住まわせ、投資物件として売っている者もいます。

投資物件として売りに出すメリットは、ここにあります。多少内部が傷んでいたとしても、入居者がいて、滞納せずにきちんと家賃を支払っていて、なおかつ収益率がよければ、買い手がつく可能性が高いのです。ただし、これはあくまで建物内部の話であり、外部が汚いと敬遠されてしまいます。

だいぶ前でしたが、250万円という破格値で売りに出ている戸建て収益物件がありました。収益率も20%近かったのですが、なかなか売れません。その理由は建物外部です。庭は草ボーボーの上、小汚い荷物がたくさん置いてあり、濡れ縁が腐っていました。ただそれだけですが、これを見たお客様は、買う気がなえてしまうようです。「自分には管理できそうもない」と言って、断ってくるお客様が結構いました。ですので、いくら収益物件とはいえ、外観はこざっぱりとしておく方が得策です。

【不動産売買よもやま話⑦】
新婚の奥様にダイヤの指輪よりもっとよいもの（?）をプレゼントしたシニア男性の話

沖田さんは、私がネットで宣伝していた投資用の貸家を購入したいと言って電話をかけてきました。沖田さんはこの物件をずっと狙っていて、ようやく価格が下がったから電話したのだとおっしゃいました。

ところが、サラリーマンの沖田さんは、土日でないと休みが取れないため、物件を見に行けないということで、困っておられました。この物件は値下げしてかなり割安になったため、すぐに売れてしまうのではないかと、沖田さんは心配していました。

「それならば、私が見に行って動画に撮ってきましょう」と、私は沖田さんに提案しました。沖田さんは大変喜び、私の提案を受け入れました。

そこでさっそく動画を撮ってきて沖田さんにお見せしたのです。すると沖田さんは、「気に入ったから、買います」と言って下さいました。

私が沖田さんと実際にお会いしたのは、その週の土曜日のことでした。白い車から降り、さっそうと歩いてくるスリムな男性が、沖田さんでした。年は60代位で、グレーがかった白髪がとても似合う、品のよい紳士です。

沖田さんは、「実は私ではなく、妻の名義で買いたいのです」とおっしゃいました。数週間後、決済の時に沖田さんは初めて奥様とご一緒にやってきました。これまでのすべてのやり取りは沖田さんとしていたため、私も奥様とお会いするのはその日が初めてです。奥様はとても美しく知的な感じのする方で、沖田さんとよくお似合いでしたが、長年連れ添った夫婦のようには見えませんでした。まるで恋人のように見えたのです。

その謎が解けたのは、本人確認のために運転免許証を提示してもらった時です。奥様は「免許証の裏に新しい名字が記載してあります」とおっしゃいました。免許証を見ると、表は旧姓で、裏が結婚後の姓になっています。

沖田さんは、新婚の奥様に、毎月4万円ほどの家賃収入をもたらしてくれる貸家をプレゼントしたのでした。ダイヤの指輪をもらうのも嬉しいかもしれませんが、私なら、毎月現金収入をもたらしてくれるプレゼントをもらえた方が嬉しいと思ったものです。

8章

田舎の行ったこともない土地はこうして売る

◆安くしか売れない場合は、買主に測量の責任と負担を求めるという条件で売る

当社には、田舎という土地柄のせいか、行ったこともない土地を売りたい、という売主さんが結構いらっしゃいます。

どうして自分の土地なのに行ったことがないのかというと、相続して得た土地だからです。亡くなった親御さんが田舎に投資用として持っていた土地や、会社名義で持っていた土地などを相続した場合、自分ではまったく場所がわからないという場合が多いのです。

そのような場合、いったいどうすれば売れるのでしょうか？　あるいは、それ以前の問題として、自分でだいたいの場所を特定することはできるのでしょうか？

まずは行ったこともない、しかも斜面だけの竹藪を売りに出した神谷美香子さんのケースをお読み下さい。

【ケース12】
相続したけれど行ったこともない
田舎の山林を売りに出した神谷美香子さんの場合

神谷美香子さんは、亡くなったお父様から行ったこともない田舎の山林を相続しました。相続した後、どんなところだろうと思い、旦那さんと一度は行ってみたものの、結局どこなのか場所がわからないまま帰ってくるしかありませんでした。それでも、売ってお金に換えられるものなら売りたいと思っていました。ところが東京の不動産屋に頼んでも、「売れない」と言われてしまい、放置していたのです。神谷さんにはほかにもお父様から相続した土地があり、その土地を当社が売却したことから、神谷さんは「この土地も売ってほしいのです」と言って、当社に依頼してきました。

《神谷美香子さんから売却の依頼を受けた際の会話内容より》

神谷さん 「これ、役場に行ったときにもらった地籍調査事業実施区域図というものなんですけれど」

私 「あー、はいはい。で、神谷さんの土地は、こちらの住宅地図で見るとどこですか？」

神谷さん 「それがよくわからないんですよね」

私 「それは困りましたね。どこかわからないまま売るとなると、他人の土地を売ってしまうかもしれませんから」

神谷さん「あっ、でもたぶん斜面だと思います」
私「斜面だけですか?」
神谷さん「ええ、斜面だけだと思います」
私「そうですか。そこは家が建つかどうか、役場で聞いてきましたか?」
神谷さん「いいえ、聞いていません」
私「まあ、いずれにしても場所を特定しないといけません。他人の土地を売ってしまっては大変ですから」
神谷さん「あっ、はい」
私「その上で、家が建つのか建たないのかがわかれば、おおよその価格は出ます」
神谷「そうですか、よろしくお願いします」

★ゴミ捨て場になっている斜面だけの土地は売れるのか?

最初に私が神谷さんとお会いしたのは、「相続した土地を売りたい」ということで、東京から突然、当社にやってきた時のことでした。その土地は300坪の整形地で、運がよいことに、ドッグランを探しているというお客様にご紹介してすぐに売れてしまいました。

これにすっかり気をよくした神谷さんは、「ほかにも売ってほしい土地があるんですけれど」と言って、またしても東京から車を飛ばしてやってきました。それが今回の土地です。いくらなんでも、斜面だけの土地など、私も売ったことがありません。しかも、具体的にどこが自分の土地なのかもわからず、当社からは車で1時間もかかります。

正直言って、どうしようか迷いました。でも、神谷さんには300坪の土地を売らせてもらった恩があります。結局、引き受けることにしました。

そこでまず、具体的にどこなのかを調べるために、車で1時間もかけてA町役場に行き、地番図を取得しました。普段はこれとグーグルマップ（グーグル社がインターネットを通して提供している地図）や住宅地図を照らし合わせて、だいたいの場所を特定します。その方法については後ほど説明します。

A町役場はのんびりとした雰囲気で、職員の方も

草ボーボーで洗濯機まで捨てられている

親切でした。このような場合、私は土地の場所やそこへの行き方を聞いてしまうようにしています。ところがこれが失敗のもとでした。職員が何人も集まってきてしまい、地図を見ながらあーでもない、こーでもないと、議論を始めてしまったのです。

結局1時間近くも待たされた後、ようやく大体の場所がわかりました。これをもとに現場に行ってみると、そこは売主さんが言っていた場所とは違っていました。舗装された道路からあぜ道のような道に入り、しばらく行くと、その斜面はありました。草ボーボーの上、冷蔵庫や洗濯機が捨てられていました。

★役所に寄付することさえできない、田舎の土地の現実

敷地の前の道は、道と言えるかどうかもわからないような通路です。それでも役所では町道だというので、建築基準法上の道路なのかどうか、調べてみることにしました。敷地の前の道路が建築基準法上の道路ならば家が建てられるし、そうでなければ家が建てられないからです。調べてみると案の定、〝未判定道路〟でした。未判定道路というのは、建築基準法上の道路かどうか、未判定だという意味です。この場合、道路を判定してもらうための申請をする必要があります。これには土木事務所まで出向く必要がありました。

数週間待った後、土木事務所から「建築基準法上の道路ではない」との回答が来ました。そこ

で私は神谷さんに電話して、「売ること自体、難しいかもしれない」とお話ししました。彼女は、「それならば、役所でもらってもらえないでしょうか?」とおっしゃるので、「いらないと言われました」とお伝えしました。実際、役所からそう言われたからです。

神谷さんは、「売ることも寄付することもできないのなら、私はいったいどうすればいいのでしょう?」と、途方に暮れた様子で訴えてきます。内心私は、(そんなことを言われる私こそ、一体どうしたらいいのでしょう?)と思ったのですが、放っておくことはできません。

★坪1000円で意外な買い手がついた

私は神谷さんに、「坪1000円なら、買ってくれる人がいるかもしれないですよ」と言いました。彼女はこの話に乗りました。インターネットで宣伝し、販売活動を始めてしばらくすると、買いたいという人が現れました。風車を建てるのに、山を買うのが趣味だというのです。世の中には色々な方がいらっしゃるのだな、と思ったものです。

この段階になり、地図をよーく見てみると、なんとなく販売対象の場所が、思っていた場所と違うような気がしてきました。そこで神谷さんに、「せめてどこらへんからどこらへんまでが売却対象の土地なのかわからないと、人の土地を売ってしまう危険がある」とお伝えし、簡易的な測量をすることにしました。

すると案の定、売却対象の土地は、当初予想していた場所ではなく、そこから少し離れた斜面でした。その斜面は、うっそうと竹が生い茂っていて、踏み入ることなど不可能な状態でした。ああ、これで購入のお話も流れてしまうだろうな、と思ってがっかりしました。でも、意外にも買主さんは、そこでもいいから買いますと言って下さったので、売買は無事成立したのです。

決済の日、神谷さんは上機嫌でした。時間より30分以上も前に畑の真ん中の当社に到着した神谷さんは、「渋谷さん、すごい！　二つともすぐ売れてびっくりです」と、ほめて下さいました。それは私にとってはすごく有難いお言葉でしたが、やはりこれは私の成果というよりは、神谷さんの運がよかったからだと思わざるを得ません。私だって、家も建てられない竹藪で、しかもゴミ捨て場になっている斜面を買う人がいるとは思いもしなかったのですから。

◆行ったこともない土地の場所を調べるには？

★「地番図」とグーグルマップがあれば、行ったこともない土地の大体の場所を調べることができます。

建物が建っている土地であれば、グーグルマップで検索するとピンポイントで場所が表示されますが、建物が建っていないと大まかな場所しか表示されない場合がほとんどです。その場合に使うのが、「地番図」です。では、大体の場所を特定する方法について、順を追って説明します。

【地番図から行ったことのない土地の場所を探すには？】

＜航空写真付きの地番図＞

＜地番図＞

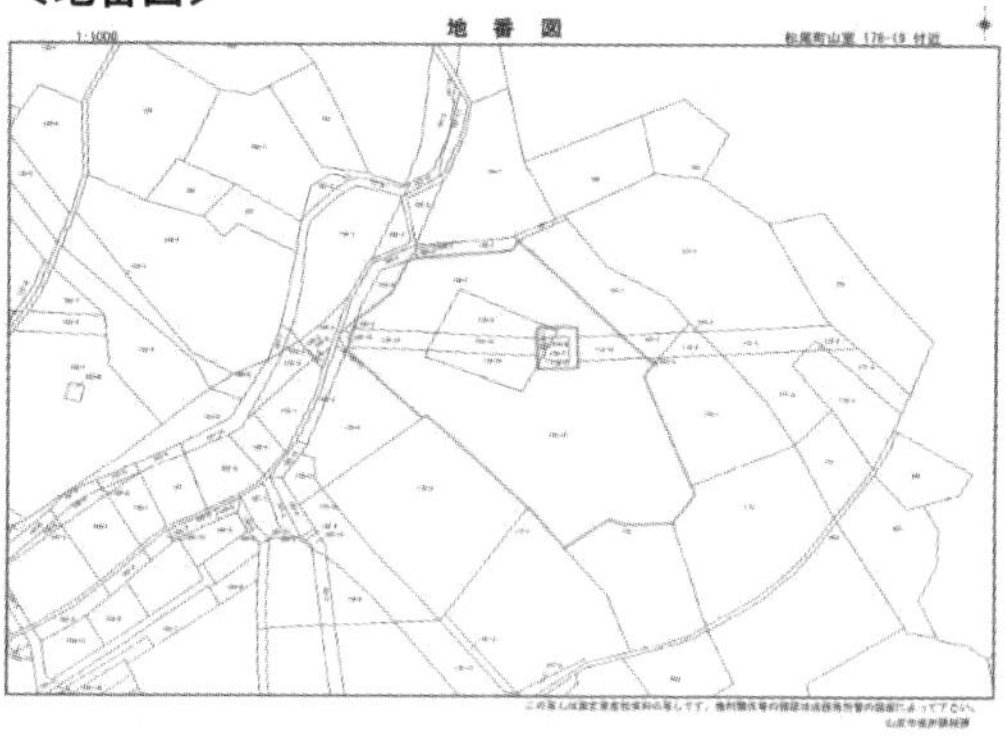

※土地がある市町村役所で地番図を取得する（あれば航空写真付き）。探している土地の場所がわかってもたどり着けない可能性があるので、目印となる建物も聞き、その場で印をつけ、建物名をメモする

4　目印となる場所を記入

目印になる場所の地番の入った
ものも取得（P 209）

〇番地の
××商店
と・・・・

この地番図の中で、グーグルマップで検索したら出てくる建物はありますか？

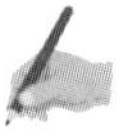

地番図を取得したらすぐ、目印となる場所の地番に建物名を書いておく（目印となる場所は、役所で地番図を取得した際に聞けば教えてもらえる）。

5　家に帰ったらグーグルマップで土地の場所を検索

① まずは目印となる場所の住所を入力して検索。出てこなければ建物名も入れれば大抵は出てくる。

② 地番図を参照しながら、探したい土地の場所を特定する。

※この方法でわかるのはあくまで“おおよその場所”。
例えば探したい場所が森林だった場合、具体的に森のどこからどこまでがあなたの土地かを知ることまではできない。

【行ったことのない土地の場所を調べる手順】

1　権利書を用意する

まずは権利書を用意

権利書があれば、必要な情報は全て載っている。持ち歩きたくない場合はコピーする。

2　権利書を持って調べたい土地のある役所へ行く

〇〇課になります

地番図はどこで取得できるのかな？

3　地番図を取得する

航空写真付きの地番図がある場合はそれを取得（Ｐ２０９のサンプル参照）

〇地番図は有料

〇航空写真つきのものがある場合とない場合がある。

〇役所によっては閲覧しかできない場合もある。

【田舎不動産売買よもやま話⑧】
買い取れるはずのない道路（公道）を買い取った話

アパートの売却を仲介した時のことです。いよいよ決済を待つばかり、という段になり、杭の確認に行ったのですが、長い年月の間に埋まってしまったようで、見当たりません。

そこで、懇意にしている土地家屋調査士のOさんに頼んで杭の位置を確認してもらいました。私はOさんに、「杭があるかどうかだけわかればいいですから」とお伝えしました。買主に引き渡す際、境界の杭の場所をお伝えする必要があるからです。

ところが翌日、Oさんから「擁壁が道路にはみ出ているよ」と電話がかかってきたのです。これには驚きました。

「どうしよう」と焦る私に、Oさんは平然と言いました。

「そんなの、別になんてことないよ。何かはみ出ているのなんて、田舎じゃ当たり前なんだから」

確かに、自分の家を買うような場合であれば、それで問題ないのでしょうが、今回は違います。アパートの売買なので、買主は数年後に売却することも視野に入れているのです。

となれば、自分が売る時に売りづらくなるようなものなど、買うはずがありません。案の定、買主さんは、擁壁が道路にはみ出ている問題をどうにかしない限り買えない、と言い出しました。

私は慌てて町役場にすっとんで行きました。そして、「道路を売って下さい！　そうでないと、アパートが売れなくなってしまうんです！」と、訴えたのです。

担当者は、「検討してみましょう」と言ってくれました。

ところがこの話を土地家屋調査士のOさんにすると、「え？　本当に役場が検討するって言ったの？」と、すごく驚いていたのです。

「はい、そう言いましたよ」と答える私にOさんは、「ありえないよ」と言い放ちました。「役場が道路を民間に売るなんて、聞いたことがない」と言うのです。

Oさんによると、私が何も知らなかったことがかえってよかったのだそうです。Oさんのようなプロの場合、「どうせ、頼んだところで道路なんて売ってくれるはずがない」と思うので、最初から頼みに行こうとは思わないそうです。

こうして私は、「知らない」という最強の武器によって、道路の買い取りに成功しました。4カ月ほどかかってしまいましたが、無事に道路を買い取り、アパートを売ることができたのです。売主さんからは大変喜んでもらえました。

このことから私は学びました。この後どんなに専門知識が身についてこようが、最初から「どうせ無理だ」とか「ありえない」と決めつけてはいけないのだと。

9章

田舎の山林はこうして売る

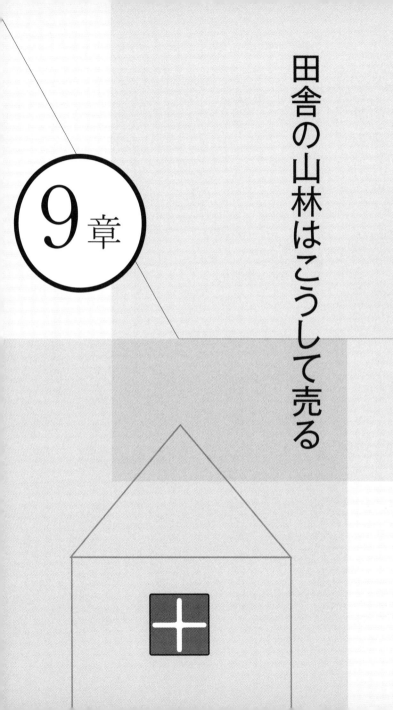

◆山林を売る時、知っておきたい森林法のこと

★地域森林計画対象民有林に指定されていると、売る時に様々な規制がある

山林には、森林法によって「地域森林計画対象民有林」と定められた区域があります。もしもあなたが売ろうとしている森林がこれに該当した場合には、森林法による様々な規制を受けます。

例えば次のような規制です。

(1)3000㎡（0・3ヘクタール）以上1ヘクタール未満の場合は、小規模林地開発の届け出が必要

(2)1ヘクタール以上の場合は、林地開発の許可が必要

このうち(1)は届け出だけだから簡単かというと、そうではありません。届け出るには様々な基準をクリアしなければならないため、現実的には許可と同じです。

この場合の基準のうち、代表的なものが「雨水抑制施設」の設置です。これは簡単にいうと、雨水を貯めておくための人工的な池のことです。森があるうちは、雨が降れば森が雨水を吸収

してくれます。ところが森の木を伐採し、コンクリートを敷いてしまったら、どうなるでしょう？雨水を吸収してくれる森はもうないので、水があふれかえってしまいます。こうした問題を解決するために、敷地の中に雨水を逃がすための池を造るのです。

これが、土地を買う側からは嫌がられてしまいます。というのは、どの程度の池を造るのかは雨量計算をして設計しなくてはならないのですが、設計費も高額になってしまいがちな上、時間もかかってしまうからです。その上、せっかく買った土地に池を造ったのでは、有効面積が減ってしまいます。

こうしたことから、地域森林計画対象民有林に指定されている3000㎡以上の森林は、指定されていない森林より売りづらいと言えます。

【ケース13】
「地域森林計画対象民有林」に指定されている8000㎡の森を売りに出した佐藤茂之さんの場合

佐藤茂之さんは、亡くなったお父様から8000㎡の山林を相続しました。その土地は県道沿いにあるのですが、地域森林計画対象民有林に指定されています。しかも杉の木が生い茂っていて、中に入っていくことも困難な状況です。佐藤さんは一般の売主さんとは違い、一級建築士であるため、森林法の規制についてはよくご存知でした。佐藤さんはこの土地を、森林法の規制をかいくぐって売る方法を思いつき、すべての段取りを整えた上で、当社に売却を依頼してきました。

《佐藤茂之さんから売却の依頼を受けた際の会話内容より》

佐藤さん「8000㎡の土地を売ってほしいんだけど、名義は私と妻と息子の3人に分けてあるんですよ」

私「そうですか」

佐藤さん「ええ。というのはね、ここは地域森林計画対象民有林になっているから、3000㎡以上だと小規模林地開発の届け出が必要でしょ？　それを避けたいと思ったんですよ」

私「なるほど。それでどんな風に分けたんですか？」

佐藤さん「これです（P221図解参照）」

私「あー、佐藤さんが2800㎡、奥様が2700㎡、息子さんが2500㎡ですか」
佐藤さん「そう。そんでもって、ここの木を全部切って、抜根までしちゃおうと思っているんですよ。そうすれば、県道にも面しているし、売りやすいかと思ったんですよ」
私「確かに県道に面している更地ならば、売りやすいかもしれませんね」
佐藤さん「で、どんな人に買ってもらえそうでしょうかね？」
私「んー、倉庫を建てたい人とか、トラックの駐車場とか色々考えられますが、事業用としてはあまり場所がいいとは言えないのが気になるところではあります」
佐藤さん「だったら太陽光は？」
私「太陽光だと安くなってしまいますよ」
佐藤さん「造成して坪1万円なら、どうですかね？」
私「売れると思いますよ。でも太陽光業者に売るのは時間はかかるし面倒ですよ」
佐藤さん「それはわかっています。でも、ほかに売り先がないようにも思うし……」
私「そんなこともないとは思いますが、太陽光も視野に入れて売りに出してみますか？」
佐藤さん「そうですね。よろしくお願いします」

★森林法の規制を免れるために、3人の名義で土地を売りに出す

地域森林計画対象民有林の場合3000㎡以上ですと小規模林地開発の届け出が必要なのですが、佐藤さんはそれを避けるために土地を3筆に分筆した上で、ご自分と奥様、息子さんの3人に名義を分けました。

こうして3000㎡以下の土地に分け、3人がそれぞれ別の人に売れば、土地を買った人は小規模林地開発の届け出が不要となります。そうすればわずらわしい手続きも必要ないですし、多額の設計費をかけて雨水を貯めておくための池を作る必要もありません。池のために土地を使う必要もありません。

佐藤さんの土地を売りに出すと、次から次へと太陽光業者からの問い合わせが入ってきました。そして一月後には、太陽光業者A社が買付を入れてきました。

ところが、ここで問題が起きてしまいました。A社は、佐藤さんと奥様、息子さんの3人分の土地をすべて買いたいと言ってきたのです。小規模林地開発の届け出をしなくてすむようにと、わざわざ土地を三つに分筆したというのに、三つとも同一人物が買うのであれば、意味がありません。

それでもA社は諦めようとはしませんでした。

「会社の名前と工務店の名前と、子会社の名前で申請を出してみますよ」と、A社の担当者は

【「地域森林計画対象民有林」を売るために佐藤さんがとった対策】

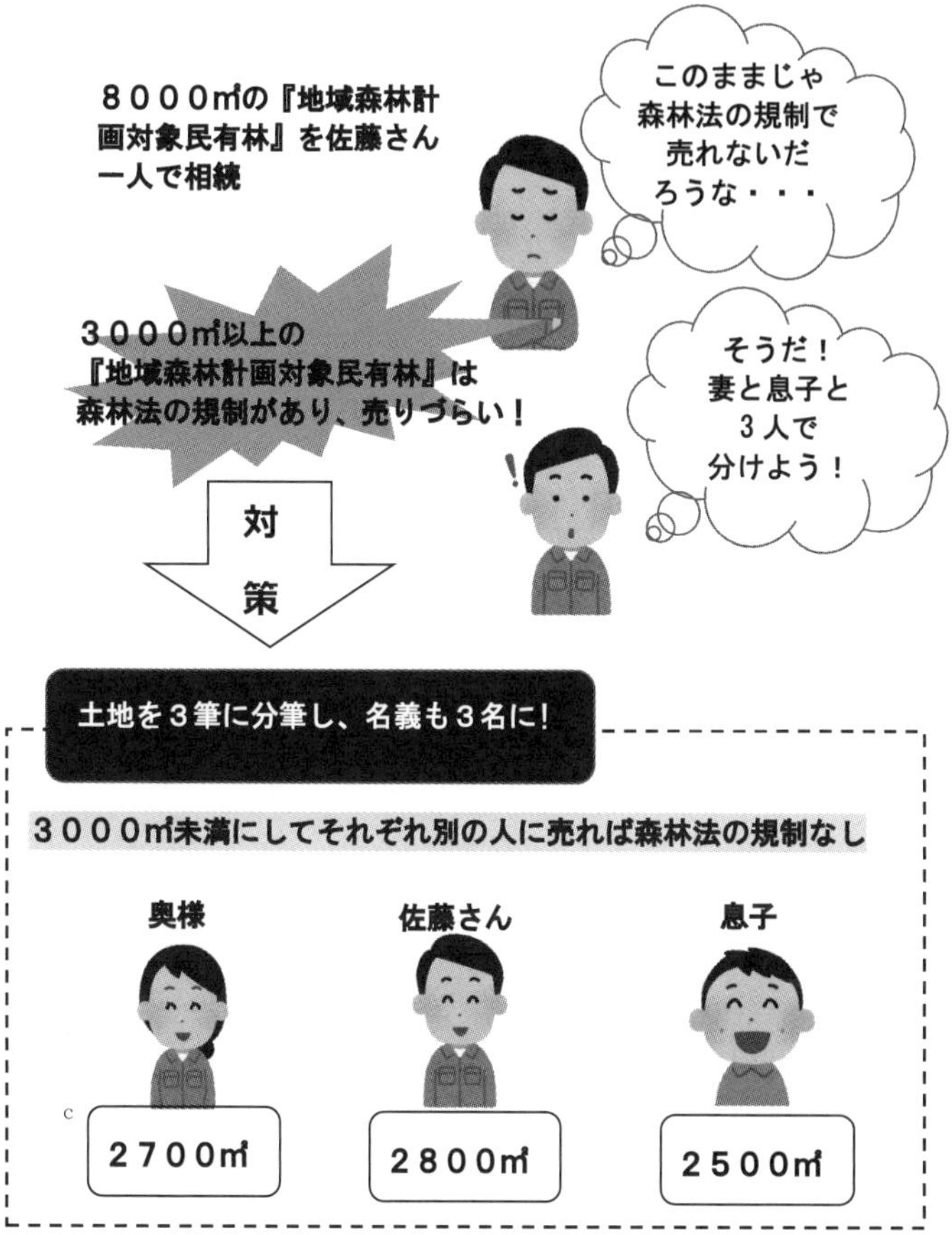
８０００㎡の『地域森林計画対象民有林』を佐藤さん一人で相続
このままじゃ森林法の規制で売れないだろうな・・・
３０００㎡以上の『地域森林計画対象民有林』は森林法の規制があり、売りづらい！
そうだ！妻と息子と３人で分けよう！
対策
土地を３筆に分筆し、名義も３名に!
３０００㎡未満にしてそれぞれ別の人に売れば森林法の規制なし
奥様
佐藤さん
息子
２７００㎡
２８００㎡
２５００㎡

言いました。

しかし、最近では太陽光業者への締め付けが厳しくなっており、名前を変えても同じ資本だとわかってしまうと申請が通らない可能性があります。結局、A社は佐藤さんの奥様名義の土地だけを買うことになりました。そしてほかの二つの土地は、息子さん名義の土地を別の太陽光業者が、佐藤さんの土地を足場屋さんがそれぞれ購入しました。

◆太陽光業者にしか売れそうもないとしたら、知っておきたいこと

★売れるか売れないかわからない状態で1年近くも待たなくてはならないこともある

太陽光バブルがはじけた今、太陽光業者の倒産が相次いでいます。そうはいっても、日々不動産屋を営んでいると、安い土地を求める太陽光業者からは頻繁に電話がかかってきます。

個人的には、太陽光業者に土地を売る仲介はしたくありません。とても面倒で、長々と待たされ、手間ばかりかかった挙句に売れないことがあるからです。

それでも田舎の土地の場合、太陽光業者にしか売り先がないような土地もあります。このような場合に知っておいた方がよいことについて、説明したいと思います。

まずは、太陽光業者に土地を売る場合、どのような手順になるのか、ほかの業者や個人に売るのとはどう違うのかについて、理解して下さい。

一つは、契約したからといって、必ず売れるとは限らないことです。太陽光業者との契約は「停止条件つきの契約」となります。これは、「何々できたら買う」という条件つきの契約のことです。太陽光業者の場合に当てはめると、「売電できることになったら土地を買う」という契約になります。

二つ目として、契約から決済まで、長ければ1年近くも待たなくてはなりません。売れるかどうかわからないにもかかわらず、です。

このように、太陽光業者との契約は、売主さんにとって非常に不利な契約になります。

これを避けるには、契約したとしても、ほかにすぐ買ってくれる人がいるならばそちらに売ってもよいという旨の特約をつける方が無難です。それよりもっとよいのは、確実に買ってもらえる状況になってから契約することです。

★太陽光業者に土地を売るメリットは？

ただ、太陽光業者に売るのはデメリットばかりではありません。田舎の広大な山林は、売り先が限られてしまいます。中には、どこにも買ってもらえないような土地もあります。それでも、

【太陽光業社に土地を売る場合
知っておきたいこと】

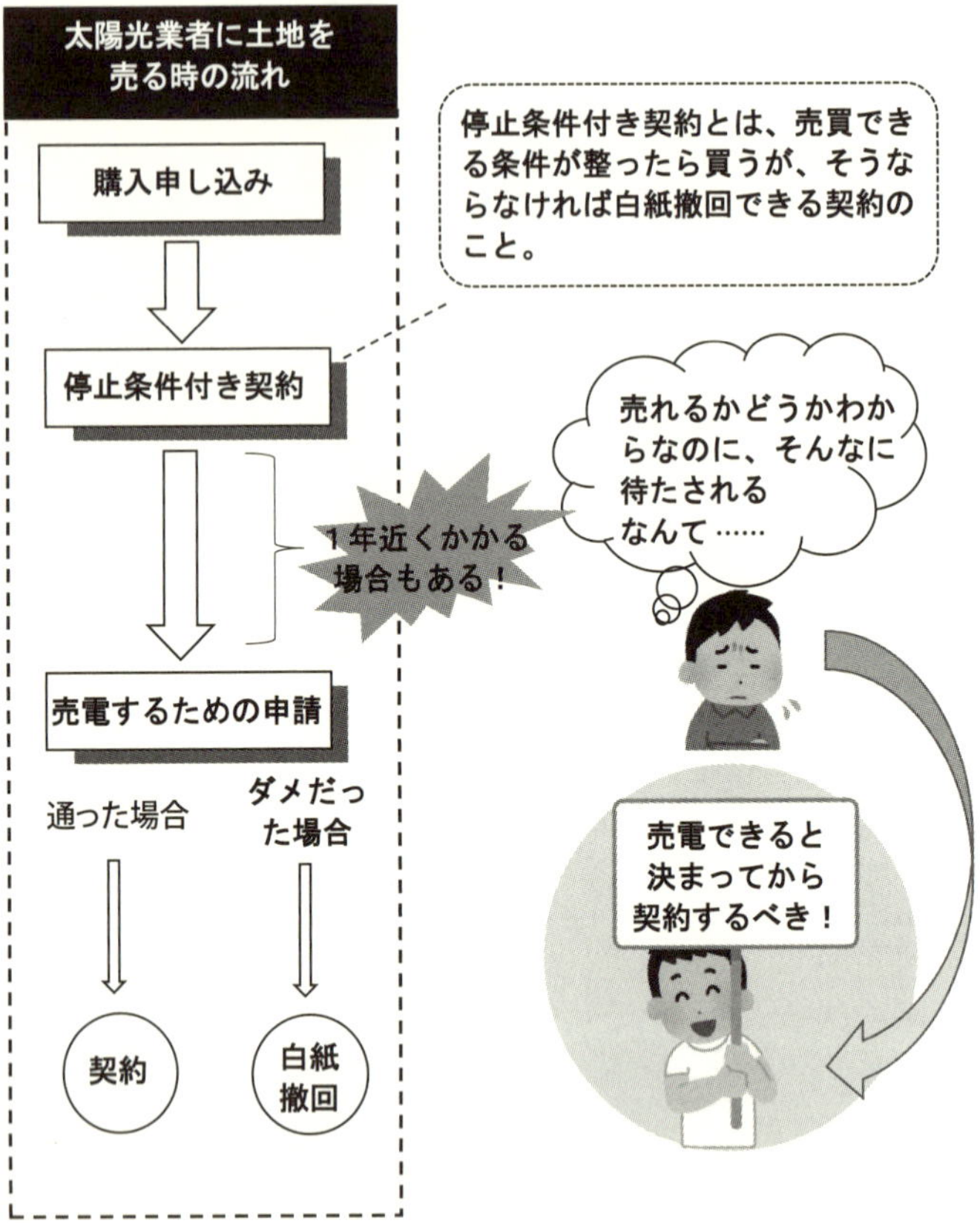

太陽光業者であれば、日当たりさえよければ買ってもらえる可能性があります。

また、倉庫を建てたりして事業をやりたい、という方に広大な土地を売る場合には、確定測量をしてから引き渡すのが基本です。広大な土地を開発して倉庫などを建てる場合には「開発許可」を得る必要があるのですが、それには確定測量が必須条件だからです。これにはお金がかかります。

ところが太陽光業者に土地を売るのなら、確定測量をせずに引き渡すことも可能です。というのは、太陽光設備の設置には開発許可がいらないからです。

ただ、太陽光業者に土地を売る場合には、長い間待たされることや、その挙句に売れない場合だってあることを十分に理解し、同時並行で別の買主を見つけるようにして下さい。

【田舎不動産売買よもやま話⑨】
100坪の土地を売った後、買主さんが測ってみたら90坪しかなかった話

「縄のび」という言葉を聞いたことがありますか？　これは、登記簿に記載されている面積よりも、実測した面積の方が大きい場合を言います。一般的には、田舎の土地は「縄のび」が多いと言われています。

でも私の経験上、「縄のび」の反対の「縄縮み」も相当多いのです。残置計算という方法で面積を計算している土地に、「縄縮み」が多いのが特徴です。

残置計算とは、例えば、一つの土地Aを二つの土地BとCに分けるとした場合、Bの面積だけを測り、Cの面積はAからBの面積を差し引いて求めることです。

ここで問題となるのは、Cの土地を売る場合です。計算上は正しいかもしれませんが、正確な面積を測っていないので、実際は正しいとは限りません。そして大抵の場合、Cの面積は登記簿上の面積よりも小さいのです。

私が売った土地の中でひどかったのは、登記簿上は600坪あるはずの土地なのに、60坪も少なかったことです。これには驚きました。この方の場合、きちんと測量して正確な面積を出してから引き渡すことになっていたので、問題にはなりませんでした。

でも、売った後に少なかった、ということも1回ありました。100坪の土地を売ったのですが、買主さんが購入後に測量した結果、10坪も少なかったのです。

こうした場合、返金してもらえると思いますか？

実は、売主は返金しなくてよい場合がほとんどです。不動産の契約方法は「登記簿売買」と「実測売買」があるのですが、「登記簿売買」の場合ですと返金する必要がありません。

登記簿売買の契約書には、実測よりも少なくても多くても精算しない、と明記してあります。

私が売った100坪の土地の場合も、「登記簿売買」でした。そして契約の際には、測ってみて面積が少なかったとしても精算はしないということを、買主さんにはかなり強調して説明しました。

ところが後日、買主さんから電話がかかってきて、「実測したら10坪も少なかったんだけど、どうにかならない？」と言われたのです。私は、登記簿売買だから売主さんに今から精算してもらうことはできないと説明しました。それで買主さんもしぶしぶではありますが、納得しました。

でも、買主さんと売主さんとは、目と鼻の先の近所になります。一応、売主さんにはこのことをお伝えしました。すると売主さんは意外にも「精算しましょう」と言って下さったのです。

売主さんは地元で手広く商売している方だったため、とにかくトラブルになることを嫌いました。その上、買主さんとは近所になるので、恨まれたくはないと思ったようです。

こうしてこの件は決着しました。でも私はこの時から、地積測量図を見て残置計算だと分かった時には、買主にリスクを入念に説明するようになりました。自分で購入前に測量するか、測量後に引き渡してもらうように売主と交渉するか、あるいは実測売買にしない限り、面積が少なくても後から売主に一切文句を言えないということを、くどくどと説明するようになったのです。

でもそれは、結果的によかったと思っています。買主に事前にリスクを十分すぎるほど説明してこそ、後のトラブルを防げるのですから。

10章

田舎の広大な土地はこうして売る

◆他人の土地まで売ってしまわないためには、確定測量してから売る

田舎の広大な土地を売る場合、一番の問題は「どこからどこまでが自分の土地なのかわからない」ことです。

きれいに区画された分譲地とは違い、田舎の広大な土地はとてもヘンな形をしている場合がほとんどです。

次ページの公図をご覧下さい。

実は太い線で囲まれた2000坪ほどの土地が我が家の土地なのですが、南側はギザギザな形をしています。図で見ると「ふーん、ここからここまでなのか」と思いますが、実際は森です。森のどこからどこまでが具体的に自分の土地なのかは、杭がない限りわかりません。

幸いにも我が家の場合、購入する際には売主さんが確定測量をした上で引き渡してくれたので、どこからどこまでが自分の土地なのかはわかっています。

これがもし「この森のだいたいあそこらへんまで」としか言われなかったとしたら、どうでしょう?

でも田舎では、こうした売り方が結構多いのです。「境界非明示」という売り方なのですが、これは境界の杭を示すことなく引き渡しますよ、という売り方です。

田舎の安い土地の場合、確定測量をしていたのではお金がかかってしまい、何のために売るの

かわからなくなってしまうので、このような売り方をするのです。

でも、まともな価格で売れるようであれば、確定測量をしてから引き渡すべきです。例えば買主が広い土地に倉庫を建てたいというような場合、開発許可が必要なのですが、それには確定測量が必須です。

この場合、もしも確定測量をせずに引き渡してしまい、その後万が一、確定測量ができなかったとしたら、買主は開発許可を得られず、倉庫を建てられない、ということになってしまいます。事業用の土地を探している方は、こうした事情をよくわかっているので、必ず確定測量をした後の引き渡しを求めてきます。

ちなみに、確定測量ができないとはどういうことなのかについては、この後に説明していますので、読み進めて下さい。

これからご紹介する石沢健一さんのケースは、

【公図】

確定測量が終わる前に引き渡してしまい、大変なことになってしまいました。

【ケース14】
確定測量の結果、自分の土地だと思っていた土地が他人の土地だとわかった石沢健一さんの場合

石沢健一さんのお父様は、生前、不動産屋を営んでいました。お父様はバブルのころに山を買い、分譲地にするつもりで造成までしていました。ところがバブルがはじけてしまい、その土地は〝塩漬け〟になっていたのです。この土地を相続した石沢さんは、最初のころはご自分の商売が忙しくて放置していたのですが、60歳を過ぎ、使わない土地を子供たちに残すよりは、今現金化して商売に役立て、ご自分の商売を大きくして子供たちに残したいと考えるようになりました。こうして、石沢さんは3000坪の山を売ることにしたのです。

《石沢健一さんから売却の依頼を受けた際の会話内容より》

石沢さん　「売ってほしいのは、この土地なのだけどね」（石沢さんが公図を出して説明）

私「はい。こちらですね」（しばらく公図を見る）
私「あれ？　石沢さん、この土地、道路に接していないようですけれど」
石沢さん「え？　そんなこと、ないと思うけど。まさか、不動産屋だった親父がそんな土地を買うとは思えないんだけどなあ。それにだいたい、8メートルもある市道に接しているよ。何回も行っているんだから、わかるよ」
私「そうですか。でも、見た目だけではわからない部分もあります。例えば、石沢さんの土地と道路との間に、誰か他人の土地がほんの少しでもあれば、それだけで石沢さんの土地は道路に接していないことになってしまいますから」
石沢さん「そうですか」
私「ええ、公図を見る限りでは、そのように見えます。なので、明日きちんと調査してきますよ」
石沢さん「よろしく、お願いします。でね、肝心な価格なんだけど、手残り1千万円になれば、あとは渋谷さんのやりやすいようにやってもらっていいよ」
私「ありがとうございます。なるべく高く売れるように頑張ります！」
石沢さん「まあ、そんなに頑張らなくてもいいよ。私だって、バブルのころに親父が買った価格では売れないことくらい、わかっているんだから」
私「ちなみに、いくらで買ったんですか？」

石沢さん　「1億以上って聞いているよ。まあ、今はその10分の1で売れればいいんじゃないかな」

★石沢さんの土地が道路に接しているのかいないのか、役所でも見解が違い大変なことに

土地が建築基準法上の道路に接しているといないとでは、天と地ほどの差があります。都市計画区域にある土地に家を建てる場合、その土地が建築基準法上の道路に2メートル以上接している必要があるからです。この話は何度もしたので、覚えていらっしゃいますよね？

私はまず、石沢さんの土地と道路との間にあった土地が一体誰のものなのかを調べることから始めました。登記簿を取ってみると、持ち主は「内務省」となっています。いつの時代の話でしょう？　今時、日本に内務省など、存在しません。

さっそく、資料を持って市役所に聞きに行くことにしました。

「この、内務省の土地なんですけれど」と言って資料を指し示すより前に、担当者は、「ああ、赤道ね」と言いました。赤道というのは、昔、国が持っていた道のことです。ただこれは、建築基準法上の道路ではありません。

「では、この土地は赤道にしか接していないということでしょうか？」と尋ねる私に、「そうい

うことになりますね」と、役所の担当者は涼しい顔で答えます。

「では、この赤道を買い取ることはできませんか？」と聞いてみました。

赤道は、場合によっては買い取ることができます。もしも石沢さんがこの赤道を買い取ることができれば、石沢さんの３０００坪の土地全体が、赤道の先の市道に接していることになるのです。

役所の担当者が、「赤道の払い下げについては、県の土木事務所で聞いて下さい」と言うので、役所から車で15分ほどの場所にある土木事務所に向かいました。すると出てきた担当者は、「市の奴らはみんなバカだよ！　みーんな、勉強不足！」と、大きな声で暴言を放ったのです。私に言われても困るんだけど、と思いながら聞いていると、担当者は「いいですか。ここは赤道なんかじゃありませんよ」とおっしゃいます。

「ここは市道なの」と言いながら、担当者は奥に歩いて行ってしまいました。そしてプリンターから何か紙を印刷して、持ってきたのです。

「はい、これ。道路台帳」

「はあ……」

「よく見てよ、これ。市の奴らが赤道って言っている部分は、ちゃんと市の道路にかかっているでしょ？」

そう言われて道路台帳をのぞき込むと、確かに内務省所有の土地が、ほんのわずかな部分ではあったものの、市の道路と重なっています。

「でしょ? だからこれは、市道なの。赤道なんかじゃないの。今からこの道路台帳を持って、役所に行ってきな」

私は土木事務所の担当者に言われるまま、再び車で15分かけて市役所に戻りました。ところが市役所の担当者は、「ここは赤道だよ。市では管理していないから」とおっしゃいます。困ってしまいました。

再び、土木事務所に戻った時には、すっかり日が暮れていました。土木事務所の担当者は、さっきよりも市役所の職員を馬鹿にし、そして怒っています。私は内心、そんなこと、私の前で言うよりも市役所に電話して直接言ってくれればいいのに、と思いました。

結局、土木事務所の人は「もう市役所なんかに話したって仕方ないから、県の財務事務所に電話して相談するといいよ」と教えて下さいました。この相談をした後、数週間後に財務事務所から、「ここは市道で間違いない」とのお墨つきを得ることができたのです。

★他人の土地まで売ってしまわないためには、確定測量後に引き渡すべきだった

道路の問題も解決したところで、ようやく石沢さんの土地の販売を開始しました。すると、数カ月後に購入希望者が現れました。事業用として倉庫を建てたりして使いたいというのが、買主さんの希望でした。でも、それには開発許可が必要です。専門的な話になってしまうので、広大

な土地を開発するには、そのような許可が必要なのだということだけ、覚えておいて下さい。

さて、ここで問題なのは、開発許可を得るには、境界をきちんと確定していなくてはならないことです。これにお金がかかるのです。石沢さんの土地と境界を接する地主さんすべての印鑑が必要だからです。「確かに境界はここで間違いありません」という書類に印鑑を押してもらわなくては、境界は確定しません。

石沢さんの土地の場合、これに相当お金がかかってしまいました。隣接する地主の数が多かった上、道路との境界を確定する必要もあったためです。

それでも土地がまあまあ高く売れたため、石沢さんが希望している手残り1千万円は確保でき、私もホッとしました。

ところで、石沢さんの土地の境界確定には、半年近くかかってしまいました。買主さんはできるだけ早く引き渡すことを希望されたので、境界確定がすべて済む前に、決済を終えてしまいました。

ところが決済後に測量結果が出て、私も石沢さんも、肝を冷やすことになってしまったのです。なんと、石沢さんのお父様が進入路として整地していた土地のほとんどが、お隣さんの土地でした。結局、お隣さんの土地を買い取る費用を石沢さんが負担して、最終的に決着しました。

でもやはり、買主さんが急いでいたとしても、確定測量後に引き渡すべきでした。このことはとても反省しています。

【田舎不動産売買よもやま話⑩】

確定測量は必ずできるわけではないという話

確定測量というのは、測量しようとしている土地と境界を接しているすべての地権者に立ち会ってもらい、「確かにここで境界は間違いない」という書面に記名・押印してもらってする測量のことです。

こうしておけば、売主は他人の土地まで売ってしまう心配がなくなりますし、買主は自分の土地がどこからどこまでなのか明確にわかりますので、安心です。

ですが一つ問題があります。それは、印鑑をもらえないかもしれないことです。例えば、田舎の山林の場合、登記名義人がすでに亡くなっていることがあります。その際、相続人が1人か2人程度であればよいのですが、何十人もいる場合だってあります。そうなると、すべての人に印鑑をもらうとしたら、膨大な手間暇がかかってしまい、実際のところ、不可能です。

それ以外にも、地権者が印鑑を押してくれない場合だってあります。いつだったか、家を売るために確定測量をした際、その家のお隣さんが、印鑑を押すのを渋ったことがありました。

測量を依頼した土地家屋調査士によると、お隣さんはこう主張したそうです。

「この家との境に半分だけ塀があるでしょ？　それは私が全部お金を出してやったんですよ。だから残りの半分の塀は、この家の人にやってもらいたいんだけどね。そういう約束ならば、ハンコを押しますよ」

私は青ざめました。お隣さんがハンコを押してくれなければ確定測量ができず、家が売れなくなってしまうからです。どうにかしなければと思っていたところ、お隣さんは何を思ったのか、途中から自分の主張を引っ込めました。そして、印鑑を押して下さったのです。

このように、確定測量は地権者全員の印鑑をもらわなくてはならないため、必ずできるという保証はありません。

ちなみに、確定測量は土地家屋調査士に依頼して行います。その際、どれくらい費用がかかるかは、かかった手間暇によります。境界を接する地権者が少なく、かつすぐに印鑑をもらえる場合と、そうでない場合とでは金額に大きな違いが出てきます。

詳しいことは、土地家屋調査士にご相談下さい。

11章

地目を農地以外に変更して売却できるのはこんな場合

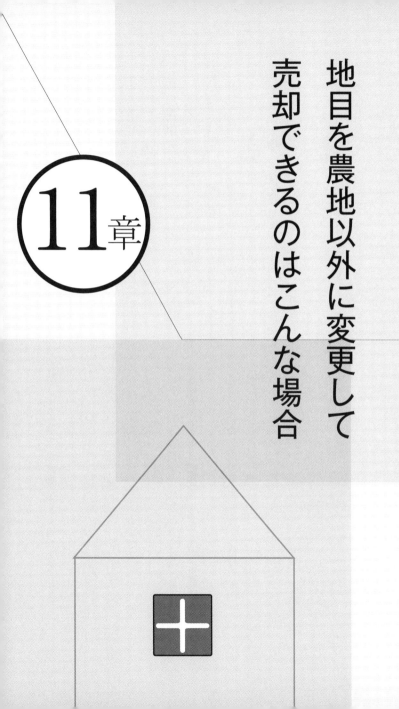

この章をお読みいただくにあたり、基本的な用語と農地を農地以外に転用する場合の手続きについて、簡単に説明しておきたいと思います。

まず、農地転用というのは農地を農地以外に使いたい場合の許可のことです。大抵は農業委員会に行って許可を申請します。そして許可を得られれば農地以外に使うことができるのですが、この許可だけで畑だった地目が宅地に変わるわけではありません。地目を変えるには法務局で地目変更しなくてはなりません。

農地転用できるかどうかは、農地の種類によってだいたいわかります。農地は5種類に分かれています。このうち農地転用の可能性が高いのが、第2種農地と第3種農地です。逆に可能性が低いのが、農用地区域内農地、甲種農地、第1種農地です。

農地を農地以外の地目に変更するには⑴農地転用の許可を得た後地目変更する⑵非農地証明を取った後、地目変更する⑶法務局で直接地目変更するの3パターンがあります。

〝非農地証明〟とは、農業委員会から「ここは農地ではありませんよ」と証明してもらうことです。

ここまで分かったところで、本題に入りましょう。

◆農地転用ができるかどうかは、誰に相談すればよいのか？

農地を農地以外に転用できるかについては、農業委員会ではなく、田舎の農地転用に詳しい行政書士や土地家屋調査士、不動産屋、あるいは知り合いに農業委員会の人がいる場合には個人的に聞いてみることをお勧めします。

★農業委員会に聞いても、積極的に教えてくれない

農業委員会は基本的に〝農地を守る立場〟です。ですので、農地が減ってしまうような助言を積極的にしてくれないと思ってください。このことについて、私が最近農業委員会に電話で2度、問い合わせをした時の内容をお読み下さい。

《1回目》

私：××町〇番地の牛小屋の跡地なのですが、所有者の方は地目は雑種地だと言っていて、雑種地として固定資産税も払っているのですが、登記簿を取ったら地目が畑になっていました

担当者：あー、地目変更、忘れちゃったんだね

私：はい、そうみたいなんです。で、今から雑種地に地目変更したいのですが、非農地証明を取って、地目変更はできませんか？

担当者：ちょっと待ってね、調べるから（しばし合間）

担当者：だめですね。ここは1種農地だから

私：でも、敷地のすべてがコンクリート敷きになっていて、鉄骨の骨組みもありますし、プレハブの物置小屋まであるんですよ。これって、畑に戻せないと思うんですが……

担当者：そうかもしれませんが、決めるのは県ですからね。私にはダメとしか言いようがないですよ。

私：でも、このまま放置していても建物が朽ち果てていくだけですし、持ち主もそのお嬢様も困っているんです。

担当者：そうですか。でも、農業委員会はあくまで農地を守る立場ですから。

このコンクリート敷きの土地の、一体どこが農地なのかと言いたいところを抑え、私は電話を切りました。それでも諦めきれなかったのと、以前、ほかの市では1種農地でも地目変更ができたことを思い出したため、もう一度、電話してみることにしました。

《2回目》

私：たびたびすみません。前に○市で同じような案件を扱った時には、非農地証明を取らなかったのですが、法務局で地目変更ができました。今回も、そのようにしていただくことはできないでしょうか？　法務局から照会が来たとき、ここは農地ではないと言っていただくことはできませんか？

担当者：んー、確約はできませんね。

私：そうですか……。では、何か救済策はないんですか？

担当者：んー、ないわけではないですが……

私：例えば、どんな救済策がありますか？

担当者：その牛小屋は、建ててから20年以上経っていますか？

私：経っています

担当者：それならば、非農地証明が取れるかもしれないですね

私：かもしれないということは、確かではないということですか？

担当者：そうですね。

さて、ここまでお読みいただいて、もうお分かりかと思います。農業委員会に、漫然と「農地

転用ができるか」と聞けば、明らかに転用できる場合以外は「できない」と言われてしまいます。農業委員会は〝農地を守る立場〟なのですから、仕方ありません。

◆農地転用できるか？　第一関門は農地の種類

農地を農地以外の地目に変更できるかどうかを調べるには、あなたの農地がある市町村の農業委員会に問い合わせて、農地の種類を聞いて下さい。

農地の種類は次ページの表にあるように5種類に分類され、どの分類に該当するのかによって、農地転用の許可を得て農地以外の地目に変更できる可能性が高いか低いか、ある程度の目安がわかります。

①農用地区域内農地であっても、例外的に農地以外に地目変更できる場合がある

農用地区域内農地というのは、見渡す限り農地が広がっているような場所です。そして、税金を投入して土地改良事業を行っています。ですので、原則的には農地以外の地目に変更はできません。

【農地の種類と転用の可能性】

農地の種類による転用の可能性は、あくまで目安です。必ず農地転用に詳しい専門家に相談しましょう。

農地の種類	どんな農地か？	転用の可能性
農用地区域内農地	将来にわたり、農業のために利用していくべき土地	原則不可
甲種農地	市街化調整区域内にある農地の中でも、８年以内に土地改良事業を行った農地など、特に良好な営農条件を備えている農地等	原則不可
第１種農地	１０ヘクタール以上の一団の農地や土地改良事業などの対象となった農地、生産性の高い農地	原則不可
第２種農地	駅から５００メートル以内の距離にあるなど、市街化が見込まれる農地や、生産性の低い農地	可能性大
第３種農地	駅から３００メートル以内の距離にあるなど、市街化が著しい区域にある農地	原則許可

ただし、例外的に地目を変更できる場合があります。例えば、コンビニを建てる場合などです。その場合であっても、まずは「農振除外」という手続きがあり、その後、「農地転用の許可」を経て、ようやく地目を変更することができます。

ただ、農用地区域内農地は原則的に地目を変更できないので、あなたの農地が例外的に許可される要件を備えているのかどうかについては、農地転用の許可に詳しい行政書士、土地家屋調査士に相談して下さい。

②第1種農地であっても、例外的に農地以外に地目変更できる場合がある

第1種農地というのは、農用地区域内農地と同じように、見渡す限り農地が広がっているようなエリア内の農地のことです。農地としての生産性が高いため、基本的には農地以外に地目変更することができません。

ただ、第1種農地ならば絶対に地目変更できないかというと、そうではありません。

例えば、次のような場合には可能性があります。

⑴農地が広がっているエリアから少し離れた場所や、住宅に囲まれたような場所にある
⑵建物を建ててから20年以上経過している
⑶耕作放棄してから20年以上経過して、なおかつ⑴のような場所にある

③第2種農地か第3種農地なら、農地以外に地目変更できる場合が多い

農業委員会に問い合わせた結果、あなたの農地が第2種農地か第3種農地である場合は、農地以外に地目変更して売却できる可能性が高いといえます。

ただ、あなたの農地が第2種農地だった場合で、建築基準法の条件を満たしていないために家を建てられないような場所にあるのなら、地目を変更できない可能性が高いので、注意が必要です。これについては、第3章で紹介した船越光男さんのケース（P99）を参照して下さい。

◆農業委員会が許可しても、第二の関門は法務局

★農業委員会が許可しても法務局が許可しなければ地目変更はできない

農業委員会は、農地を農地以外に使ってもよいと許可する立場です。畑だった地目を宅地に変える権限までは持っていません。

その権限は誰が持っているのかというと、法務局です。

そしてここでのポイントが〝現況主義〟です。例えば農業委員会が宅地にしていいよと言った畑でも、今現在トウモロコシがたくさん植えられているのなら、法務局はこの土地を宅地とは認

めません。なぜならば〝現況〟は畑だからです。
これでホトホト困ったのが、竹下一郎さんのケースです。

【ケース15】
法務局から地目変更できないと言われたのに
地目変更に成功した竹下一郎さんの場合

竹下一郎さんは、神戸にお住まいです。竹下さんの関心事は、ご自分が持っているお金をドルに換えることです。長期的に見れば円安になるから円をドルに換えなくてはならない、というのが竹下さんの持論です。そこで竹下さんは、ご自分が持っている資産をドルに換えるための一環として、亡くなったお父様から20年以上前に相続した土地を何とかして売りたいと思ったのです。ところが最初、懇意にしている信託銀行系の不動産屋に相談したところ、「そういうのは、地元の不動産屋に相談したほうがいいですよ」と言って、体よく断られてしまったのです。その後、しばらくは「どうせどこも売ってくれないだろう」と諦めていました。ところが、そんなことをしていたら一生売れないで終わってしまうと思い立ち、信託銀行系の不動産屋からアドバイスされた通り、地元の不動産屋である当社に売却を依頼してきたのです。

《竹下一郎さんから電話で売却の依頼を受けた際の会話内容より》

竹下さん「畑と田んぼを売ってくれんかな？　今から資料を流すから、見てみてよ」

私「はい、ありがとうございます」

（ＦＡＸが届く）

私「田んぼと畑とあわせて５００坪ですか……。農家に売るにはちょっと中途半端な大きさかもしれませんね」

竹下さん「中途半端も何も、農家になんか売れないよ」

私「それはまた、どうしてですか？」

竹下さん「どうしても何も、あんな日当たりが悪いところ、だいたい畑にも田んぼにも向かないよ」

私「そんなに日当たりが悪いのですか？」

竹下さん「ありゃ、あかん。南側が崖になっていて、その上に家が建っておるわ。しかもその家ときたら、崖の真ん中あたりから塩ビ管突き出して、自分とこの浄化槽の水をチョロチョロと、うちの土地に流しよるわ」

私「それは困りますね。やめてもらうように言った方がいいですよ」

竹下さん「そんなの、とっくに文句言うたわ。10年も前だったかな。その時はやめよったんだが、また流しよる」
私「ご覧になったのですか？」
竹下さん「そんな遠いところ、よう行かんわ。でも、親戚が近所に住んでいるから、見てきてもらったんよ」
私「そうでしたか。それと地目変更の件なのですが……」
竹下さん「だいぶ前に農業委員会に聞いた時は、（農地以外への地目変更は）許可できんと言われたわ」
私「そうでしたか。でも今はもう状況が変わっているかもしれませんので、私も一度行って聞いてみますよ」
竹下さん「よろしく」

★第1種農地なのに、売主自ら農業委員会に電話して地目変更の許可を得た

私は早速、農業委員会に相談に行きました。

「この土地なんですけど」と言って私が資料を見せると、担当者は顔をあげ、「知ってますよ、神戸の人でしょ」とおっしゃいます。

「ご存知でしたか？」

「ご存知もなにも、いつも電話してくるから、覚えてしまいましたよ。強烈な方ですよね」

「そうですか？」

「そうですよ。で、この土地を売りたいって言っているんですか？」

「はい」

すると担当者は、「ここは1種農地だけど、専用住宅（普通の家）としてなら許可できますよ」と言いました。でも、この土地は日当たりが悪く、じめじめしていて地盤も緩い土地です。そんな土地にあえて家を建てたい人などいるか疑問です。

また、農地を住宅地にする場合には、５００㎡（１５０坪程度）までしか許可されないという縛りがあります。ところが竹下さんの土地は５００坪もあります。ということは、３５０坪も残ってしまうのです。

だったら、残らないように分割して売ればよいのではないか、と思われるかもしれません。でもひと続きの土地をいくつかに分割して売る行為は、不動産屋にしか認められていません。竹下さんはご自分の土地を４分割して売ることなどできないのです。

私は農業委員会の担当者にこうした事情を説明し、専用住宅として売るのは難しいことを訴えました。そして、「事業用に資材置き場とか、倉庫用地とか、そういった用途で土地を探している人に売りたいのですが、ダメですか？」と聞いてみました。

「難しいですね」と担当者。

「なんでですか？」

「ここは1種農地だから、なんでも許可できるわけではないのですよ」

「でも、住宅用地としては不向きだし、日当たりが悪いのでは農地としても不向きです」と言ってみたものの、そのような理屈が通用しないことは、私にもわかっていました。

結局、その場は引き下がることにして、事務所に戻るとさっそく竹下さんに報告の電話を入れました。私の話を最後まで聞く前に、竹下さんはもう怒っていました。

「なんだ⁉　税金ばかり取りよってからに！」と竹下さんは、怒鳴り声。

「今から電話して、文句言うたる。もう税金なんか払わんぞって言うたるわ。農地として使えないわ、売ることもできないわ、その上税金だけふんだくろうなんて、どういうことや？」

それから10分もしないうち、竹下さんから電話がかかってきました。

「法務局に行けば地目変更できるって言われたよ」

「え？？　本当ですか？」

「本当だよ。もう30年も使っていない土地だから、農業委員会の許可はいらないって言われたよ」

これにには本当に驚きました。

私はさっそく、地目変更後に引き渡すという条件で竹下さんの土地を売り出しました。竹下さんと話し合った結果、売却価格は相場よりかなり安い価格にすることにしました。

理由は、地目が農地だということ以外にも、地盤が緩いことや日当たりが悪いこと、さらには隣地の家が自分の家の浄化槽の水を垂れ流しているという問題もあったからです。このため、竹下さんの土地には水の通り道が出来てしまっていました。

こうした悪条件をすべて丸呑みにしてくれる買主さんを探すには、竹下さんと話し合って決めた価格は100万円でした。こうして竹下さんの土地はようやく売りに出すことができたのです。するど、買いたいという方が現れました。中古車を海外に輸出している方が、中古車の置き場として購入するというのです。

そこでさっそく、地目変更をするために法務局に電話したところ、次のような返事がありました。以下、私と法務局職員のやり取りです。

私「農地から雑種地に地目を変更したいのですが」
職員「農業委員会の許可はもらっていますか?」
私「ええ。もう30年も使っていない土地なので大丈夫だと聞きました」
職員「で、その土地は今どのような状態ですか?」
私「更地です」
職員「更地っていうことは、耕せばすぐに農地に戻せるっていうことですよね。だったら、厳しいです」
私「でも、農業委員会は大丈夫だって言っています」

職員「農業委員会はあくまで、その場所が農地かどうかを判定するだけです。地目を決める権限は、あくまで法務局にあります」
私「でも、もう30年も使っていないですし、日当たりも悪いし、農地としては狭いので、農家に売るのは厳しい場所です。せっかく、資材置き場として使いたいというお客様がいるのに地目は変更できないのですか？」
職員「すでに資材置き場として使っているならまだしも、耕せばすぐに農地に戻せる以上、難しいです」
私「そんなこと言われても、売れない以上資材置き場として使えないじゃないですか？売れたら買主さんが資材置き場として使うというのでは、だめなのですか？」
職員「難しいですね」

これにはホトホト困りました。結局、買主が10万円の手付金を支払って契約した後、決済を待たずに資材置き場として使い始めることにしました。その上で地目変更をすることにしたのです。

★法務局から地目変更できないと言われたが、強硬手段で地目変更に成功

契約が済むと、買主さんは購入予定の土地に古い車や部品を置くことになりました。ところがこれが一苦労。

「土地がズブズブで、車を置くと沈んじゃうんだよね。どうしよう」

買主さんが慌てて電話をかけてきました。

「なるべくぬかっていないところを選んで、置くことはできませんか？」

「んー……。わかった。とりあえず、ブルーシートでも敷いて、その上に置くようにしますよ」

こうして、買主さんはなんとか、廃車同然の車を何台かと、盗まれてもよいような部品を並べたのです。ところがその後すぐ、近所から警察に苦情の電話が行ってしまいました。

「隣の空き地がゴミの山になっている！」と。

警察から竹下さんに電話がいきましたが、竹下さんは逆に警察を怒鳴りつけたそうです。

「そうせな売れん言うからやっとるのに、何言うとるんや！ それとも、土地が売れなかったら警察が責任とってくれるんか？」と。警察は「いや、ただ近所から苦情が来たからご連絡しただけです」と言い、それで話は済んでしまったそうです。

あとは地目変更が終われば売れる。そう思ってホッとしたのも束の間、いつも懇意にしている土地家屋調査士のOさんにこの話をすると、「そんなの、地目変更なんてできませんよ。絶対無理！」と言い出しました。

「本当ですか⁉」

「だったら、どうすればよかったのですか?」と聞くと、「砂利を埋めちゃうとか、畑や田んぼに戻せないようにするのが一番かな」との答え。

「そうだったんですか……」

どうしよう、と思っていると、Oさんが「あれ? ちょっと待って下さいよ」と言います。

Oさんはご自分の頭を整理するかのように天井の方を見つめながら腕組みすると、「でも、法務局は地目変更の書類を受け取ったんですよね?」と聞いてきました。「はい」と答えると、「それなら、地目変更できますよ」と、さっきとまったく逆のことを言うのです。

「どういうことですか?」

「どういうも何も、法務局は地目変更できないものなんか、書類さえ受け取りませんからね。書類を受け取ったってことは、変更できるってことですよ」

そしてOさんは、「まったく、法務局は素人には甘いんだよ」と不満を漏らし始めました。「私なんかがこんな案件持って行ったら、一発でだめって言われますよ」と。

まるで狐につままれたような感覚でしたが、私はOさんの言葉を信じることにしました。何十年も土地家屋調査士の仕事をしているOさんが言うのだから、間違いないと思ったのです。

3週間がたち、法務局に電話してみると、「地目変更、完了しています」との嬉しい回答。やっぱり、Oさんの言った通りでした! 実際に、地目が「雑種地」となっているその3文字を見た時は、心の底からホッとしました。

【田舎不動産売買よもやま話⑪】

田んぼの隣の土地を産廃業者が購入しそうになり、胃が痛い日々を送った話

畑の真ん中で営業する私に突然ビッグチャンスが訪れたのは、創業してまだ1年も経たない時のことでした。当初はまだ、自分で必死に作ったダサいホームページしかなかったというのに、それを見て、ビッグチャンスの主は電話を下さったのです。

私は、3000坪の事業用地を売ることになりました。その土地は、田舎といえども一等地です。周りには田んぼが広がっていますが、土地柄、それは仕方ありません。

どういう土地柄かというと、大通りの両わきの田んぼを埋め立ててホームセンターやスーパーマーケット、飲食店などを建てているような、田舎の特徴そのままの土地柄です。

元々が田んぼなので、地盤は緩いです。東日本大震災の時にはドラッグストアなどの建物の基礎がひび割れるどころか、基礎ごと地面から浮き上がってしまったほどです。

このような土地であっても、事業用地であればさほど問題にはなりません。人通りがあるか、集客できるかということの方が、地盤の緩さよりも大事だからです。

この土地に正式な購入の申し込みが入ったのは、売りに出して1カ月ほどたった時のことでした。その時は本当に喜んだのですが、よくよく話を聞いてみると、中国の産廃業者だったのです。

この土地の裏手には広大な田んぼが広がっているというのに、そこに産廃業者が来たら、田んぼはどうなってしまうでしょう？　油が染み出て田んぼがダメになってしまうのではないか？

そんな不安があったので、私は地元の名士の方々に、相談して回りました。

「どうしたらいいでしょう？　ここ、売って大丈夫でしょうか？」と尋ねる私に、彼らは口々に言いました。

「渋谷さん、そんなところに売っちゃったら、ここでこれから商売していけなくなっちゃうよ」

私はまだ開業したばかりだというのに、もう廃業しなくてはならないのだろうかと思うと、本当に自分の不運を嘆きました。でも、嘆いていても何も解決はしません。

私は売主さんに事情を説明し、産廃業者に売れれば私は地元で商売できなくなるので、地元から受け入れてもらえる業者に売らせてもらえないかと相談しました。売主さんは、私の事情を察して下さり、快諾して下さったことは、今も思い出すたびに感謝の念がこみ上げてきます。

それでも相手はなかなか諦めてくれません。仕方ないので、私は売却予定地を取り仕切る区長さんを訪ね、反対運動を行う旨の文書に署名してもらいました。区長さんは、「そんなのに来てもらったら、絶対に困る」と言い、すぐに署名して下さいました。役所にも、私が一人で行っても相手にしてもらえないので、元農業委員長のツテを伝って一緒に行ってもらいました。

こうして、地域で一丸となって反対の意思表示をしていった結果、ようやく産廃業者は諦めました。面倒なことになるくらいなら、もっとほかの土地を探そうと思ったようです。

かくして、私は命拾いをしたのです。

12章

田舎の売れない分譲地はこうして売る

◆まずはお隣さんに声をかけてみる

田舎の売れない分譲地を売る場合、最初にすることはお隣さんへのお声がけです。というのは、田舎の場合、大抵は家族で1台ずつ車を持っているのですが、田舎の分譲地のほとんどが、駐車スペースは1台分しかないからです。

これは本当に不思議なのですが、バブルのころに切り売りした分譲地のほとんどが、50坪かそれに満たないような狭い土地なのです。ですので、お隣さんにお声掛けすれば、駐車場として買ってもらえる可能性があります。

【ケース16】
雨が降ると道路が水浸しになる分譲地をお隣さんに売った井上忠司さんの場合

井上忠司さんはお姉様とともに、昔、お父様が田舎に買っておいた70坪の土地を相続しました。井上さんもお姉様も、その土地には縁もゆかりもありません。ですので、すぐに売却すると決め、都心の大手不動産屋に売却を依頼したのですが、ことごとく断られてしまったのです。そこで井上さんは、不動産屋がことごとく断ってくるというのは一体どのような土地なのかと思い、見に行ってみることにしました。その土地は、空き地だらけの分譲地の中にありました。家はまばらにしか建っておらず、空き地には草どころか木まで生い茂っているありさまでした。井上さんご自身の土地はというと、半分が草ボーボーで、あとの半分には大きな白い車がデンと停められていました。その横には犬小屋まであり、犬がワンワンと吠え立てています。これでは売却どころではないとは思ったものの、自分ではどうにもならず、インターネットでようやく探し当てた当社に売却を依頼することになったのです。

《井上忠司さんから売却の依頼を受けた際の会話内容より》

井上さん「いくらでもいいので、土地を処分したいのです」
私「本当にいくらでもいいのですか?」
井上さん「売れるなら、いくらでもいいです。まあ、売れるかどうかわかりませんが」
私「失礼ですが、そんなに売れそうもないような土地ということですか?」
井上さん「たぶん……。実はこの前初めて見に行って来たら、隣の方だと思うんですが、車を停めてしまっていて、犬小屋まで置いているんですよ」

私「まあ、珍しい話ではないですね」
井上さん「そうなんですか？」
私「そうですね。まあ、こういう場合は、お隣さんに買ってもらうのが一番ですよ」
井上さん「でも、買ってくれるでしょうか？」
私「価格面で、お隣さんとの交渉に応じていただけるのなら、話してみますよ」
井上さん「お願いします」

★空き地だらけの分譲地は、雨が降ると道路が水浸しになるほど低地にある土地だった

井上さんの話を聞いた後、色々調べようと思って役所に行くと、役所の担当者は地図を広げただけで、「ああ、ここか」と、よくご存知の様子。「ここはね、雨が降ると道路が水浸しになるんですよ」とのこと。

役所に行った帰りに現地に寄ってみると、犬小屋で犬がワンワンと吠え立て、お隣さんが「私に何か用？」と言って出てきました。70代くらいに見える女性です。私は彼女に名刺を差し出すと、土地の売却を頼まれたことを伝え、「もしも駐車場としてお使いなら、土地を購入していただけないでしょうか？」と聞いてみました。以下が、その時の会話内容です。

お隣さん「買ってくれっていきなり言われても、今の家は借家なのよ」
私「そうですか」
お隣さん「そうよ。でもね、この土地が売れて家でも建ってしまったら、困るわ。うちに日が全然当たらなくなるもの」
私「でしたら、何とか買っていただけませんか?」
お隣さん「んー、でもね、ここは、雨が降ると道路が水浸しになるような場所なのよ。道路が水浸しで通れない時は、近所の人が皆、この土地を通っていくのよ」
私「そうだったんですか」
お隣さん「そうよ。半分は道路になってしまっているような土地なのよ」
私「でも、この土地全体が、道路みたいに使われてしまっているというわけではないですよね?」
お隣さん「そうじゃないわよ。道路に近い部分だけね」
私「それならば、残りの土地は全部使えるので、購入していただけないでしょうか? 50万円でいかがでしょう?」
お隣さん「んー、検討してみるけど、今すぐは無理だわね。お金がないもの」

★結局お隣さんが買うことになったものの、お金の捻出に半年近くかかってしまう

結局、お隣さんは半年後にお金を捻出し、購入することになったのですが、それまでが大変でした。お隣さんの家の電話が壊れていたため、何度も通わなくてはならなかったのです。最初は2カ月後にできるはずだったお金は3カ月後、4カ月後と伸びていき、そのたびにお金が用意できたかどうかを聞きにいかなくてはならなくなったのです。

しかも、買主さんは50万円では高すぎると言い出しました。「だってあなた、おかしいでしょ。近所の人が道路として使っている部分まで50万円の中に含まれるなんて」と買主さんは不満を訴えてきます。そして、「道路として使われてしまっている分は、値引いてほしいわね」と言い出しました。

私は買主さんに、「50万円という価格は、相場よりも相当安い価格なので、それでどうにかお願いできないでしょうか?」と言ってみました。でも買主さんは、「そんなこと言われたって、私以外にこんな土地、一体誰が買うっていうのよ」と反論してきます。交渉の末、何とか2万円引きにまで持っていき、ようやく価格が決まりました。

さて、買主さんにようやくお金の準備ができ、決済のご案内をすると、買主さんは「仲介手数料なんて、そんなの聞いていないわよ」と言い出しました。消費税も含めてわずか3万円足らずの手数料ですが、お隣さんは「そっちが買ってくれと言ったから買ったのに、どうしてそんなものまで払わなくてはならないのか」との言い分です。

この時は、私もさすがに悲しくなってしまいました。自分の仕事は一体何なのだろう、と少し感傷的な気分になったものです。でも、考えてみれば、お隣さんの言い分も、わからなくはありません。頼まれたから買ったのに、仲介手数料まで払いたくはない。払うとしたらそれは売主が払うべきだろうとの主張は、理に適っています。でも、そんなことに感心している場合ではありません。売主さんは極限まで安く売ったわけですから、その上買主さんの仲介手数料も払っていたのでは、本当にお金が残らなくなってしまいます。

結局、お隣さんは渋々ながらも仲介手数料を支払うことを了承して下さいました。

ただ、ようやくこの土地が売れた時には、本当に不思議な自信がつきました。このような問題のある土地であっても、買ってくれる人はいたのです。本当に土地を処分したいなら、「こんな土地、誰が買うのか」と心配するよりも、買っていただける価格で売ってみることが大事なのだと思ったものです。

◆田舎の売れない分譲地をお隣さん以外に売るには？

井上さんのケースのように、まずはお隣さんに声をかけてみるのが一番ですが、ほかにも方法はあります。

まず、田舎の分譲地は駐車場が足りません。ですので、お隣さんでなくても駐車場としてなら買ってもらえる可能性があります。

私は最近、こうした分譲地の中の中古住宅を売ったのですが、買主さんから目の前の空き地を駐車場として買えないかと相談を受けました。この買主さん以外にも、分譲地の中古住宅を買った時に駐車場用地も買ったという方は結構います。

それ以外にも、分譲地にお住まいの方に「家庭菜園用地」として売れる場合があります。私が買った空き家のお隣さんは、同じ分譲地の中のちょっと離れた場所にある一区画を購入し、たくさんの野菜を育てています。

ほかに、どうしても処分したい場合には、不動産屋に売る、という奥の手があります。これは相当安くなってしまいますし、買ってもらえない場合もあります。ただ、固定資産税を払い続けるくらいなら処分したいという場合には、選択肢の一つとして検討してみてもよいかと思います。

【田舎不動産売買よもやま話⑫】
30万円の土地なのに登記費用が12万円かかったために売れなかった話

相続の際、まとまった一つの土地を、一筆ごと別々の相続人の名前で登記する方がいます。共有名義にするよりは別々の名義にしておいた方が後々面倒がないだろうとの思いからなのかもしれません。

ところがこれが、売却の際に思わぬ足かせになってしまう可能性があるのです。以前、こんなことがありました。その土地は兄弟それぞれで一筆ずつ持っていたひと続きの宅地だったのですが、価格が安かったこともあってか購入希望者がすぐに現れました。

購入希望者は現地で購入の申込書を書き、印鑑まで持参してきており、買う気満々です。そして、すぐにでも購入したいので、購入のための諸費用がどれだけかかるのかを知りたいとおっしゃいました。

そこで早速、登記費用の見積もりを取ってみたところ、土地の価格が30万円なのに、登記費用が12万円もしたのです。

これで、現地に印鑑までもって見に来ていた購入希望者の熱は一気に冷めてしまいました。土地が安い上、現金で購入するので、登記費用はせいぜい5、6万円と思っていたようです。それが12万円もしたのですから、冷めてしまうのも当然かもしれません。

結局、この購入希望者は購入を取りやめました。

13章

田舎の空室だらけのアパートは
こうして売る

私の近所は、成田空港に近いということもあり、田舎にもかかわらず単身者向けのアパートがたくさん建っています。

しかも、これらのアパートは「なんでこんなところにアパートがあるの？」というような場所に建っているのです。一番多いのが、バブルのころに開発された、空き地だらけの分譲地の中。そして、それらの分譲地の多くは、驚くような場所にあるのです。

例えば、私が地元の多古町で最初に買ったアパートは、車もすれ違えないほど細い道を延々と通り抜け、朽ちた豚舎の跡地を通り過ぎた先の、行き止まりの場所にあります。しかも土地はたったの30坪しかありません。そこに、6室のアパートが建っているのです。当然のことながら、全室分の駐車場などありません。車しか移動の手段がない田舎だというのに。

でも、これは決して特殊なケースではありません。私が買ったアパートのそばにはたくさんのアパートがひしめいているのですが、それらのほとんどが、十分な駐車場などないのです。ではどうしているかというと、空き地や道路に勝手に停めています。それでずっとやってきているのです。近所には一戸建ての家も建っていますが、平気で車を道端に停め、隣の空き地（当然自分の土地ではない）で野菜を作っています。

このような場所にあるアパートは、当然のことながら、なかなか空室が埋まりません。でも、投資物件の場合、空室があまりにも多い状態だと本当に安くしか売れなくなってしまうのです。

では一体どうすればよいのでしょう？　手立てはあります。

◆重要なのは利回りと空室率、そして意外に知られていないのは〝時期〟

まず、手立てについてお話しする前に、アパートを売る場合に重要な三つの要素について説明したいと思います。

まずは利回りです。田舎の場合、土地に資産価値などほとんどありません。30万円ほどしか価値のない土地の上に建っているアパートだって、たくさんあります。ですので、利回りは重要です。ではいったいどの程度の利回りが必要かというと、12～20％程度です。2番目に重要なのが、空室率です。できる限り満室状態で売りに出すのが賢いやり方です。というのは、1室でも空いていると、都会の投資家は考え込んでしまうからです。

「こんな辺鄙な場所にあるのに、空き部屋はきちんと埋まるのだろうか？」

大抵の投資家は、そう考えます。最近ではサラリーマンから始めた素人の大家さんが多いので、空き部屋は特に不安がられてしまいます。

彼らは満室であったとしても、「今住んでいる人が出ていってしまったら、空き部屋は埋まるだろうか？」と不安に思うのです。それが1部屋でも空いていようものなら、さんざん考えた挙句、「やめた」となる可能性大です。

意外と知られていないのが、〝時期〟です。アパートは、高い時期と安い時期とがあります。このことを教えてくれる不動産屋がいないのは、安い時期に売却の依頼を受けられなくなってしまっては困るからです。私も本当は内緒にしておきたいです。

では一体、売り時かどうかを見極めるにはどうしたらいいでしょう？　それは、日ごろからネットなどで利回りをチェックしておくことです。

田舎の場合ですと（地域にもよりますが）、収益率20％前後でたくさんの物件が売りに出ている時期は、よい時期とは言えないでしょう。逆に、最高でも15％程度の利回りのものしか出ていないような時期であれば、売り時と言えます。

【ケース17】
税金対策で建てた空室だらけのアパート売却を決意した大沢由美子さんの場合

大沢由美子さんのアパートを管理するようになったのは、このアパートを管理していた管理会社から頼まれたのがきっかけでした。管理会社は都心にあるため、田舎にある大沢さんのアパートを管理しても赤字になってしまう、というのがその理由でした。

当時、20室中14室が空きという状態でお引き受けしたのですが、それでも開業したばかりの私にとっては、大変ありがたい仕事でした。でも、大沢さんは最初にお会いした時から、「もう、こんなアパート放り出してしまいたい！」とお嘆きでした。大沢さんは売りたがっていましたが、さすがに6室しか入っていないアパートは売れないということで、元の管理会社が引き受けてくれなかったのです。

《大沢由美子さんからアパートの管理を委託された際の会話より》

大沢さん「もう、本当に失敗だったわ。このアパートはバブルのころに税金対策で建てたのよ。あのころは、主人の会社も儲かっていたからね。それで、銀行が不動産屋を紹介してきたのよ」

私「銀行が不動産屋を紹介するなんてあるんですか？」

大沢さん「今は知らないけど、あのころはバブルだったからね。でも、こんなの買わなきゃよかったわよ。うちの家族全員、このアパートのために稼いで貢いできたようなものよ」

私「大変な思いをされたのですね」

大沢さん「そうよ。だってこのアパート1億5千万もしたのよ。だから毎月毎月、銀行への返済だけだって大変なの。その上電気代とか水道代とか、どこか壊れれば直さなきゃならないし」

私「6部屋しか入っていないのでは、かなりの持ち出しだったんじゃないですか?」
大沢さん「ほんと、そう。だからうちの家族はアパートの住人のために貢いでいるって言っているのよ。こんなんだったら、税金対策なんてしなければよかったわ」
私「そうかもしれないですね。でも、まずは満室にすることを考えてみませんか? そうすれば売却もできますから」
大沢さん「えー、今すぐは売れないの? もう本当にいらないいんだけど」
私「そうは言っても、今のままでは本当に安くしか売れません。でも、満室とは言わなくてもそれに近い状態にすれば何百万円も高く売れる可能性があります」
大沢さん「そうですか。それならその方がいいわよね。わかりました。よろしくお願いします」

★とにかく空室を埋めることから始めた売却活動

アパートの場合、空室だらけのままでも売れないことはありません。でも、本当に安くしか売れません。例えば大沢さんのアパートの場合、6室しか埋まっていない状態で買い取り専門の不動産屋に価格を聞いてみたところ、なんと1500万円と言ってきたのです。これではあんまりです。

もしもあなたが空室だらけのアパートで苦労しているのなら、私がお勧めしたいのは、そのアパートから近い管理会社で、なおかつ空室を埋めるノウハウと提案力のある会社に切り替えることです。そして、あなた自身も、よい提案であれば多少コストがかかっても受け入れる柔軟さを持つことが大事です。大家さんの中には、コストは1円も払いたくない、という方もいらっしゃいますが、それでは空室を埋めるのは難しくなってしまいます。

大沢さんのアパートは、管理を任せていただいてから2カ月ほどで、8部屋の入居がありました。すべては、大沢さんが私の提案を全面的に受け入れ、協力して下さったお陰です。本当はもっと空室を埋めてから売り始めたかったのですが、金融機関が不動産投資には融資しなくなってきているとの情報を得たため、この状態で売りに出すことにしました。

ちなみに、大沢さんのアパートは、暗い杉林を抜けた先にあります。そんな場所にアパートがあることなど、地元の人さえわかりません。そういう場所でも、土地と建物合わせて1億5千万円もしたというのが、バブルの時代なのです。

そして、大沢さんとの会話の中で、大沢さんが「水道代が大変」と言っていたのは、入居者全員分の水道代を大沢さんが払っている、という意味です。なぜそうなってしまうのかというと、部屋ごとに水道メーターが設置されていないからです。これでは、どの部屋の誰がいくら使ったのか、わかりません。だから、大沢さんが全員分の水道代を払い、入居者からは共益費として2000円位ずつもらうようにしていたのです。

★空室を埋めることで、高値売却に成功

さて、大沢さんのアパートは、売りに出してはみたものの、予想以上に苦戦を強いられました。まず、田舎の木造アパートは、銀行がなかなか融資してくれないという問題があります。その上、空室が少しは埋まったとはいえ、20室中6室も空いている状態です。都心ならばそれでもよいのでしょうが、田舎の場合は違います。一度空いたら最後、なかなか空室が埋まらないのではないか、と心配する投資家が多いのです。

結局、売りに出している間に何とか20室中18室まで埋めた後、ようやく大沢さんの希望の価格3500万円、しかも現金で買ってくれる人が現れました。

その時の大沢さんの喜びようは、本当に私も一緒になって踊り出したいほどでした。これまで大沢さんからは、アパートのローン支払いや空室で大変苦しんできた話を聞いていたので、売却が決まった時は心の底からよかった、と思いました。

◆田舎のアパートの空室を埋めるには？

★空室が埋まらない原因は何なのか？

空室だらけで困っている場合には、何が原因なのかを突き止めなくてはなりません。

その際「古いから」とか、「不便な場所にあるから」といった理由だけを挙げても意味がありません。古くても、不便な場所にあっても、工夫次第でいくらでも空室は埋められるからです。重要なのは、その工夫がなされているかどうか、という点です。

以前、私が買ったアパートの大家さんは自主管理をしていたために、不動産屋に空室を埋めてもらえず、10年も空いたままの部屋がありました。

そのアパートは不便な場所にある上、築年数も古く、トイレとお風呂が一緒の場所にありました。でもこれらは空室が埋まらなかった原因ではありません。

よく大家さんが書いた本などを読むと、たくさんの不動産屋にチラシを持って営業に行き、空室を埋めてもらうのがよいと書いてあります。

ただ、田舎のアパートの場合、このやり方で空室を埋めるのは厳しいと言えます。田舎の不動産屋はまず、自分が管理しているアパートの空室を優先的に埋めようとするからです。自分の会社に毎月管理費を払ってくれている大家さんの方が、単に空室だけ埋めてくれという大家さんよりもはるかに大事だからです。

ですので、管理を依頼せずに、ただ空室を埋めてくれと言われても、右から左に聞き流されてしまいます。少なくとも、私が営業しているエリアはそうです。

このように、空室が埋まらない原因は、単に古いからとか、不便な場所にあるからという単純な理由とは限らないのです。

★空室を埋めてくれる不動産屋を見分けるには？

私は、古くて不便な場所にあるアパートでも、自社で管理しているアパートは大家さんと相談の上、工夫しながら空室を埋めてきました。

現在不動産屋に管理を依頼しているけれど空室がなかなか埋まらない、という場合は、その不動産屋に問題があるか、あなた自身に問題があるかのいずれかです。

あなた自身に問題がある場合というのは、不動産屋の提案や意見をまったく受け入れないことです。例えば、家賃が高すぎるのに絶対に下げなかったり、床に穴が開きそうなほどきしんでいるのに修理を拒否したりといったことです。

不動産屋に問題がある場合は、やる気がないかノウハウがないかのいずれかですが、これは表裏一体と言えます。やる気がないからノウハウも身につかないのです。やる気さえあれば、いくらでも頭を使って工夫しますから、ノウハウも自然と身についてくるものです。ただ、中にはたくさんの物件を管理していて、あなたの物件は後回しになっている場合もあります。

では、空室をちゃんと埋めてくれる不動産屋かどうかは、どうやって見分ければよいでしょう？

私なりの基準は、こうです。

(1)物件から近い場所にある不動産屋を選ぶ

近ければ近いほどよいです。というのは、お客さんを案内するのも物件を見に行くのもこまめにできるからです。

(2)空室を埋めるための提案をきちんとしてくれる

空室を埋めることに熱心な不動産屋ならば、きちんとした提案をしてくれるはずです。その提案に納得できるようならば、依頼してみてもよいかと思います。

(3)あなたの物件と似たような物件に力を入れている

これはどういうことかというと、もしもあなたのアパートが古くて空室も目立つような場合、そのようなアパートは管理したがらない不動産屋があるのです。

私は仙台に、いわゆる〝ボロアパート〟を持っています。そのアパートは築40年、急な坂道を登った上にあります。それでも毎月、仙台では指折りの不動産屋からＤＭが来て、管理はお任せくださいと書いてあるので、電話してみました。

担当者は私のアパートを見に行った後、開口一番「築年数なりの、古いアパートでしたね」と、失礼極まりない（といっても事実ですが）ことを言うのです。そして、「うちでは管理できません」と断ってきました。にもかかわらず、この不動産屋からは今でも毎月、ＤＭが届きます。

このように、不動産屋によっては古くて空室が目立つようなアパートは管理してくれません。このようなところに無理やりお願いしても、力をいれて宣伝してくれないのは目に見えています。

⑷インターネットできちんと宣伝してくれる

これは今の時代、必須です。でも、インターネットで宣伝するのもタダではありません。ですので、やってもらえない場合がありますから、これはしっかりと確認しておきましょう。ただし、今はほとんどの不動産屋がインターネットで宣伝する時代です。漫然と宣伝したところで入居者から選んでもらえません。空室を埋めるためのノウハウがあってこその宣伝です。

ちなみに、私の仙台のアパートの管理を今お願いしている不動産屋も、空室が出てもインターネットなどでは一切宣伝はしてくれません。仕方ないので、私は自分で宣伝しています（現在満室）。ただ、これができるのは私が不動産屋だからです。

【田舎不動産売買よもやま話⑬】
田舎でも外国人の買主が増えているという話

田舎で不動産の売買をしている私のところにも、外国人の購入希望者がやってくることがあります。もっとも多いのが中国人と台湾人。彼らのお目当ては、アパートなどの投資物件です。そして意外にも3番目に多いのが、スリランカ人。彼らは驚くほど安い土地を狙っています。その土地を資材置き場にして、輸出関係の仕事をするためです。

昨年、当社で持っていたアパートを買って下さったのは、中国の方でした。正確にいうと、アパートは日本人の旦那さんの名義で購入したのですが、お金の出どころは奥様の実家でした。

決済の日、奥様の横にちょこんと並んで座った旦那様は、何通もの書類にサインして、印鑑を押し続けました。その横で奥様はテーブルに片肘をつきながら旦那様が書類を記入している手元を、落ち着き払った様子で眺めていました。

書類がすべて整うと、奥様はカバンの中に手を突っ込み、1000万円以上の大金を取り出してテーブルにポンと置きました。その姿は何とも勇ましく、そしてどんな大男よりも大きく見えました。

ちなみに、中国の方は不動産を買う場合も現地を見ないで買ったりします。この奥様の場合は現地にご案内はしたものの、車から降りても一歩も動きませんでした。その場でアパートを何秒か見て、「わかりました」と言うと、さっさと車に乗り込んでしまいました。

ですから私も、まさか買っていただけるとは思いませんでした。ところが何日かして奥様から購入したいとの連絡をいただいたのです。

正直言って、こんな買い方で大丈夫なのかと、こっちが心配してしまいます。前に少しだけ当社で働いてくれていた中国の女性もそうでした。競売でビルを買ったけれど、見に行っていないというのです。しかも資料もまともに読まずに買ったので、購入後に固定資産税が年間１００万円以上もかかると知り、パートを三つ掛け持ちして働いたと話していました。

不動産屋にとっては、あまりよく考えずにサクッと買ってくれるお客さんは楽でいいですが、やはりこの買い方には驚かされます。

14章

「こんなの誰が買うの？」と思うような土地や建物でも買う人は意外といる！

◆売りに出しても仕方ないと諦めるより、まずは売りに出してみる

田舎の不動産の中には、「こんなの一体、誰が買うの？」と思うような土地や建物が、たくさんあります。例えば以前、空き巣に入られたままの状態で売りに出されている家がありました。裏庭の面格子は壊され、窓ガラスは割られています。これを見た時は、「こんな物騒な家、一体誰が買うのだろう？」と思ったものです。

家の中が、まるで夜逃げでもした後のような状態の家もありました。お仏壇に供えた菊の花はドライフラワーのようにカチカチになっていました。台所の梅酒の瓶の中では、何かの汁が発酵し、その横では漬物樽が異臭を放っていました。

こんな状態で、よく売りに出したものだと思っていると、黒光りするゴキブリが恐ろしいスピードで台所を横切っていくのが見えました。これにはさすがに、帰りたくなりました。

このような状態のお宅がどうなったかというと、数カ月後には売れてしまっていたりします。もちろん、かなりの激安価格ではありますが。ですので、「こんなの、買う人などいないだろうから、売りに出しても仕方ない」と諦めてしまうのは、早すぎます。

【ケース18】他人の土地を勝手に駐車場として使っている貸家を売りに出した山村幸子さんの場合

山村幸子さんの実家は、田舎の狭い分譲地の中にあり、土地が40坪しかないため、車は1台しか置くスペースがありません。ところが田舎の場合、家族の人数分の車が必要です。そこで山村さんの実家では、20年前に家を建てた当初から隣の空き地を駐車場代わりに使っていました。山村さんの分譲地は空き地だらけだったので、ご近所さんも皆、そうしていました。それで問題が起きたことは一度もありません。実家には、お母様一人で暮らしていましたが、4年ほど前に体調を崩したことがきっかけとなり、山村さんが引き取ることにしたのです。そこで家を売却しようか、それとも残しておこうかと迷っていたのですが、近所の方が、親戚夫婦に住まわせたいと言ってきたので、家は貸すことにしました。その後お母様が亡くなり、実家の家は山村さんが相続しました。山村さんは家賃が入るのであれば家をずっと持ち続けてもよいと思っていたのですが、家庭の金銭的な事情から、まとまったお金が必要になったため、売りに出すことにしたのです。

《山村幸子さんから売却の依頼を受けた際の会話内容より》

山村さん　「貸家にしている家を売りたいのですが」

私「ありがとうございます。家賃は毎月いくらもらっているか、教えていただけますか?」

山村さん　「5万円です」

私「そうですか。もう少し詳しくお話を伺ってみないと何とも言えませんが、投資家の方は収益率で考えるので、400万円くらいならば売れるかと思いますよ」

山村さん　「そうですか。私もそれくらいかなと思ったので、よかったです」

私「もしも今日、登記簿とか公図とか、何か資料をお持ちでしたら見せていただけますか?」

山村さん「権利書なら持ってきましたけど」

私「それで結構です」

私「土地は40坪ですか……。というと、駐車場は何台分になりますか?」

山村さん　「1台分です」

私「それで足りていたんですか?」

山村さん　「全然足りませんよ。でも、隣の空き地に停めているので大丈夫です」

私「今貸している人も、空き地に車を止めてしまっているのですか?」

山村さん「そうですよ。旦那さんと奥さんと、それから息子さんも最近大学生になったから、全部で3台は停めていますね。それと、高校生のお子さん2人がスクーターを停めています」
私「んー、困りましたね」
山村さん「えっ？　まずいですか？」
私「投資家に売るのなら、まずいですね。」
山村さん「だったらどうしましょう？」
私「空き家にして売るか、貸している人に買ってもらうのはどうでしょう？」
山村さん「わかりました。借りてもらっている人に聞いてみます」

★隣の土地を無断で駐車場として使ってしまっている貸家でも工夫次第で売れる

その後、山村さんは貸家の住人と話をしたのですが、ゆくゆくはもっと広い土地を見つけて買いたいので、山村さんの家は買いたくないとのお返事でした。そして、下の子が高校を卒業するまではここに住みたいとの意向でした。

一度家を貸してしまうと、借主は借地借家法という法律で守られます。なので、大家が家を売るから出て行ってくれというような一方的な主張は通らないのです。結局、貸家の住人に出て行ってもらうのは、断念せざるを得ませんでした。

こうした事情がある中でも、遅くとも半年以内には売りたいというのが、山村さんの意向でした。しかし、売るにしては条件が悪すぎます。他人の土地を勝手に使っているような物件を買う投資家は、滅多にいません。

そこで山村さんには、空き地の持ち主を探して土地を買い取るか借りるかしてみてはどうかと提案したのですが、山村さんはどちらも厳しいとおっしゃいます。お金がないから家を売るのに、土地を買い取るなどできないし、買い取ってから売るのでは時間がかかりすぎるとおっしゃいます。借りるにしても、地主から法外な賃料を請求されたり、これまで勝手に使っていた分も払えと言われたら困るという理由から、買うことも借りることもせずに、そのままの状態で売りたいというのが、山村さんの希望でした。

そこで、事実を包み隠さず明示した上で、その分値引きして売りに出すことにしました。売り出し価格は350万円です。安いので問い合わせは結構来たのですが、やはり他人の土地を勝手に駐車場として使ってしまっているのがネックとなり、成約に至りません。

売りに出して3カ月が経った時、もう一度山村さんと話し合うことにしました。私は山村さんにこう提案してみました。

「売り出し価格からもう一切値引きせずに売ることにして、その代わり売買代金の中から50万円は取っておいて使わないでおくというのはいかがでしょう?」

「どういうことですか？」

「土地を売ってしまってから今の借主さんが退去されるまでの間にお隣の土地の所有者が現れた場合には、買い取り費用として50万円を限度に貸家の買主に実費を支払うようにしたらどうかと思うのですが、いかがですか？」

山村さんはこの案に納得して下さいました。そこで再びこの条件を盛り込んで売り出しなおしたところ、ついに売却に至ったのです。もちろん、契約書にはこの条件を盛り込みました。

売却した後まで責任がつきまとうのは、売主としては辛いものがありますが、このような工夫をすることによって、売れる場合もあるのです。

【ケース19】
隣がお墓で、家が建つかどうかもわからない
いわくつきの土地を売りに出した越野幸雄さんの場合

越野さんは、借金のカタに取った土地を売りたいと言ってきました。その土地は大通りに面しているものの、崖の上にあり、三角形の地形をしていて、なおかつ隣はお墓でした。それでも、

売れるものならば売って、裁判費用の足しにしたいというのが越野さんの希望でした。

《越野幸雄さんから売却の依頼を受けた際、現地で待ち合わせた時の会話内容より》

越野さん「ここはね、うちの会社が貸していた倉庫の家賃を2年分も滞納したヤツの土地だったんですよ」

私「そうですか」

越野さん「そう。裁判なんて、やったことあります？　いやー、もう本当にストレス溜まりますよ」

私「大変だったんですね」

越野さん「そりゃもう、本当に大変でしたよ。その上、裁判にもお金がかかったしね。この土地売って、裁判にかかった費用の足しにならないかなと思ったんだけど、お墓が目の前じゃね」

私「でも、お墓なんて気にしない人もいますし、大きな通りに面しているから、トラックの駐車場とかならいいんじゃないですか？」

越野さん「そうか！　そうだよね。だって、もともとそうやって使っていたみたいだしね。それなら売れるかな？」

私　「あまり高い価格だと難しいかもしれないですが、ご希望額はありますか？」
越野さん「いいよ、任せるよ。売れる価格で売れればいいよ」

★嫌がらせが原因で、売り物件の看板さえ立てられない

こうして、越野さんの土地を売りに出すことになったのですが、看板を立てた途端に、大変なことになってしまいました。元の持ち主から越野さんのところに苦情が来たというのです。「そこまでするんだったら、ただじゃおかないぞ！」と言って、相手は怒っていると言います。聞けば、やくざではないものの、刺青をすぐにちらつかせるような人だというのです。

元の持ち主は、その土地の近くに実家があるため、借金のカタに土地を取られて売る羽目になったことを近所に知られたくなかったのでしょう。何かあっても困るので、苦労して立てたばかりの大きな看板を外すしかありませんでした。

土地が三角形とか、お墓の隣とか、もはやそんなことは問題ではなくなってしまいました。一番の問題は、元の持ち主がとんでもない人だということです。購入希望者には、そのことをきちんと伝えた上で売るしかありません。

かなりの訳ありなので、越野さんと相談した結果、100坪の土地を150万円で売ることに

しました。そして、あまり目立ってもいけないので、自社のホームページだけでひっそりと売りに出すことにしたのです。越野さんもあまり急がなくていいと言って下さったので、私もホームページに載せたきり、放置していました。

★いわくつきの土地でも、家が建たなくても、お墓の前でも、買いたい人はいた！

ところが売りに出して3カ月が経ったところ、突然、30代くらいの男性が畑の真ん中の当社にやってきたのです。事務所につくなり、「ほら、あのネットで出していたあの土地、あれ買いたいんだけどまだある？」と慌ただしく聞いてきます。「ある」と言うと、「よかった。買う！」と即決です。

でも、何も説明しないまま売るわけにはいきません。

以下、私が彼に土地の説明をした際の会話です。

私「この土地は、もともと売主さんが借金のカタに取った土地なので、元の持ち主がごたごたと言ってくるんです」
男性「はあ？　そんなヤツ、何の権利もないんだから関係ないよ」
私「でも、購入した後に嫌がらせを受けたとしても責任は負えません」

男性「大丈夫だよ、そんなの自分で何とかするから」
私「それと、この土地の隣はお墓です」
男性「それがどうした？　お墓の隣、上等じゃないか。ハハハッ」
私「それと、この土地は崖の上に建っていますから、崖条例が適用されます。なので、測量してみないと家が建つかどうかはわかりません。場合によっては家が建たないかもしれませんが、安い土地なので測量しないで引き渡すことになります」
男性「別に、小さな小屋を置くだけだからいいよ」
私「飲み水は井戸を掘らなくてはいけませんし、下水は通っていないので、浄化槽を入れる必要があります」
男性「飲み水はウォーターサーバーでいいし、トイレなんて、仮設トイレでいいんだよ」
私「何にお使いになるのですか？」
男性「事務所として登記したいだけなんだよ。そうすれば、こっちでも商売できるから」

こうして、この男性が土地を買ったのです。ちなみに、買主は大安か、せめて友引に決済をしたがるのが普通です。ですので一応、「○日と×日が大安ですけれど」と言ってみたところ、「仏滅でいいよ！」と威勢のいい返事が返ってきました。

【田舎不動産売買よもやま話⑭】

傾いた家を売った時の話

佐野京子さんは、パーキンソン病を患っていました。病院に通いながら国民年金だけで暮らしているため、不要になった実家を売りに出すことにしました。

そこで、知り合いを通じて当社に売却を依頼して下さったのです。さっそくカギを借りて見に行ってみると、外壁の塗装をしている最中で、足場がかかっていました。

家の中に入って窓を開け放つと、妙な違和感。鴨居が斜めに傾いて見えます。部屋を歩いてみると、明らかに傾いているのがわかります。すぐに現場から佐野さんに電話してみると、「やっぱり気づきましたか」との答え。

売主さんは、自分に都合の悪いことは積極的に話してくれない傾向にあります。でも、言い方は悪いですが、一度バレてしまうと、意外なほど正直に色々なことを話してくれます。

佐野さんは、「うちの姪っ子たちが見に行った時も、気持ち悪くなったって言っていました」と話した後、ビックリすることを口にされたのです。

「でも、住めないわけではないですよね?」

少し立っているだけでも気持ち悪くなるほど傾いているというのに、住めるわけなどありません。でも、佐野さんは外壁のペンキを塗っている塗装業者に聞いたら住めると言われたというのです。

私は佐野さんに言いました。

「ペンキ屋は、仕事が欲しいからそんな無責任なことを言っただけです」

「そうですよね。ペンキ代、60万円もかかったのに……」

佐野さんは、外壁が汚いと売れないのではないかと思い、塗装業者に勧められるまま、ペンキを塗ることにしたとおっしゃいました。

佐野さんのお宅は、家が傾いていることを告知した上で、かなり安い価格で売却することになりました。家を買った方は、ジャッキで家ごと持ちあげて、傾きを直して住むそうです。田舎の土地は田んぼを埋め立てて造った分譲地も多く、地盤も緩い場合があります。このため、傾いている家も少なくはないのです。

15章

田舎の不動産を、リスクを抑えて売るために知っておきたいこと

◆〝瑕疵担保免責〟で売ると、売った後一切の責任を負わずに済む

古い家を売る場合、売った後にシロアリがいたり傾いていたり、雨漏りがしている場合は責任を取らなくてはなりません。

これを避けるには、〝瑕疵担保免責〟という方法で売ります。簡単に言うと、「買主さんにカギを渡したら、それ以降は何があっても一切責任を取りませんよ」という売り方です。

ただ、どんな家でもこの方法で売れるのか、というとそうとも限りません。この方法は、売主さんにとってはすごくよい方法ですが、買主さんの立場からすると、全然よい方法ではないからです。

よく、不動産の広告を見ていると「現況有姿」「瑕疵担保免責」と書かれているのを見ませんか？

これは、そのままの状態で売り、売った後は一切責任を負いませんよ、という意味です。

このような条件で売りに出ている家というのは、ネットなどで写真を見てみると、そのままでは住めないような状態のお宅がほとんどです。シロアリがいても、雨漏りがしてもおかしくないような、そんな家です。

ですので、まだ新しい家なのに瑕疵担保免責で売るのは、かえって売れない原因にもなりかねません。買主さんからすれば、「そんなに新しいのに瑕疵担保免責というのは、何か問題でもあるからに違いない」と思えるからです。

瑕疵担保免責で売っても問題ないのは、だいたい築20年以上のお宅です。ただ、この場合も必

ずそうできるとも限りません。買主さんがそれでは納得できないという場合もあるからです。

以前売ったお宅は、近所に家を買いたいという特殊な事情から、買主さんは相場よりも高く買うことに同意して下さいました。築25年のお宅ではありましたがきれいにリフォームしてあり、相場よりも高かったという特殊事情を踏まえ、瑕疵担保責任を3カ月ということで契約しました。

買主さんに安心して買っていただき、なおかつ売主さんの責任も回避する方法として、「瑕疵保険」をつけて売る、という方法もないわけではありません。ただ、この保険をつけるためには事前に検査を受けた上、悪い部分をすべて修理しておかなくてはなりません。この費用は売主さんが負担することになります。こうしたことから、瑕疵保険をつけて売るという売り方は、田舎の安い中古住宅の場合、ほとんどありません。

◆古家つきの〝土地〟として売ると建物については責任を負わずに済む

ボロボロの家を売る場合、古家つきの土地として売る方法もあります。この場合、売るのはあくまで土地なので、家がどのような状態になっていようと、後から責任を問われることはありません。

ただし、ボロボロでないにもかかわらず古家つきの土地として売ることはできません。厳密に言えばできなくはないのでしょうが、そのようなことをしても価格が安くなってしまう上、買主からは〝家に何か問題でもあるのか〟と警戒されてしまいます。
では具体的に、どのような場合には古家つきの土地として売った方がよいのかというと、例えば次のような場合です。

(1)ゴミ屋敷状態になっていて、建物自体も古い
(2)建物自体がボロボロで、外壁や屋根がはがれている。内部の設備も古くて汚い
(3)建物が古い上、雨漏りやシロアリの被害があり、何かあっても保証できない状態
(4)建物が傾いていて、住めそうもない

◆境界の杭がない場合は、〝境界非明示〟で売る方法もある

土地を売る場合、売主は買主に対して境界を明示する義務があります。具体的にどこからどこまでが自分の土地なのかを、杭の位置を示して買主に教えなくてはなりません。境界非明示とは、これをしない売り方のことです。

田舎の場合は整形地でない土地が多いですし、広大な土地で地形もいびつな場合には、杭がなければどこからどこまでが自分の土地なのかはわかりません。だからこそ、境界の杭をきちんと買主に示してから売る必要があるはずなのですが、現実は違います。

田舎の安い土地の場合、測量してから売ったのでは、売らない方がよかったということになりかねないからです。このような場合には、境界非明示で売ったとしても、問題になることはほと

んどありません。買主も、安い土地なので納得して下さいます。

◆「告知書」には、知っていることを正直に書く

不動産を売る場合、売主は〝告知書〟を書いて買主に渡すことが義務づけられています。ここには、P306のようなことを記入します。

告知書には、知っていることは正直に書かなくてはなりません。雨漏りがしているのにしていないと書いたり、シロアリがいたのにいないと書いたりしてはいけません。

もしもウソを書いた場合、瑕疵担保免責で売買したとしても、そのウソがばれてしまえば、その部分については免責になりません。

【告知書に記入する内容】

告知書には悪い情報も正直に書くのが
大前提！　そうすれば売却後にその部分
の責任は追求されずにすみます。

土地	□越境していないか？ □土壌汚染やその可能性はないか？ □地盤沈下や液状化はないか？ □敷地の中に何か埋まっていないか？ □浸水の被害はあったか？　　　　　など
建物	□雨漏りはあったか？ □シロアリ被害はあったか？ □家は傾いていないか？ □石綿使用調査結果はあるか？ □給排水設備の故障や漏水はないか？ □耐震診断の結果はあるか？　　　　など
周辺環境	□騒音や臭気はないか？ □気になる施設（ゴミ処理場、暴力団事務所など）はないか？ □電波障害はないか？ □浸水などの被害が多い地域か？ □売買物件や近隣で自殺や殺傷事件などはなかったか？ □売買物件内で火災やボヤ騒ぎなどはなかったか？ など

【田舎不動産売買よもやま話⑮】
殺人事件があったことを隠すため、家を取り壊して更地にして売りに出した人の話

田川晴彦さんは、「引っ越してもう家に住まなくなったから、取り壊しました」とおっしゃいました。だから更地を売ってほしいのだと。私は、「更地にすると固定資産税が6倍になるのに、どうして更地にしたのですか?」と聞きました。すると田川さんは、「ここらへんは人気の住宅地だから、更地の方が売れると思った」とおっしゃいます。そして、更地にするのに費用がかかったから、その分を上乗せして売ってほしいとの要望を出しました。

そこで田川さんの要望通りの価格で売り出してみたところ、土地が南道路で角地だったこともあり、すぐにたくさんの問い合わせが来たのです。幸先のいいスタートです。このままいけば、あっという間に売れるだろうと夕カをくくっていると、近所の購入希望者（南野さん）から電話がかかってきました。

「あの土地を買いたいんですけど、あの価格は高すぎるんじゃないですか?」と、南野さんはおっしゃいました。そこで理由を尋ねたところ、驚きの答えが返ってきたのです。

「あの土地はね、前に家が建っていたんですが、その家で殺人事件があったんですよ。ご存知ないんですか？」

私は田川さんからそんな話は一言も聞いていません。人気の住宅地だからその方が売れると思って更地にしたのだとしか聞いていません。

すぐさま田川さんに電話して問いただすと、田川さんは「そんなこと、言わなきゃいけないの？　もう家は建っていないんですよ。更地なんだから言う必要なんてないでしょ！」と、電話口で怒っています。

田川さんからすれば、殺人事件があった家が建っていたのでは売れないから、お金をかけて更地にしたのです。そして、6倍もの固定資産税を払い続けているわけです。それなのに、どうしてわざわざ、取り壊した家で殺人事件があったなどと告知しなくてはならないのか、その理由に納得がいかないのです。

でも、これは告知する必要があります。私は田川さんに言いました。「この事実を隠して売った場合、売った後であっても契約解除になったり、損害賠償を請求されてしまいますよ」と。田川さんはしばらく考えた後、「だったら、しばらく売らないで様子を見ます」とおっしゃいました。

後から知ったことなのですが、田川さんはこうして10年もの間、更地にして土地を持ち続けていたのです。そして、田川さんがあえて地元の不動産屋ではなく、売ろうとしている土地から車で1時間もする当社に売却を依頼してきたのは、この事実を知られたくなかったからだったのです。

ただ、私も売却を頼まれた段階で、田川さんの言うことをうのみにせず、近所の人に聞き取り調査をするべきだったと反省しました。

16章

田舎の不動産を売るなら知っておいて損はない税金の話

◆先祖代々の土地を売るのなら知っておきたい税金の話

★先祖代々の土地は、売却価格の5%の価格で買った土地とみなされる

不動産を売る場合、儲けが出たら「譲渡所得税」を支払わなくてはなりません。この場合、先祖代々の土地などの理由で、いくらで買ったのかわからないならば、売却価格の5%の価格で買ったとみなされます。そして、売却価格の95%の価格から売却のための経費を差し引いた金額に対して「譲渡所得税」がかかります。

例えばあなたが先祖代々の土地、あるいはいくらで買ったのかわからない土地を1000万円で売ったとした場合、税務署は50万円で買った土地とみなすのです。この場合、仲介手数料や測量費など、売却に必要な費用が100万円かかったとしたら、売買代金1000万円−取得費50万円−売却費用100万円=850万円に対して譲渡所得税がかかります。

では、先祖代々の土地に家が建っている場合はどうなるでしょう? この場合、家を建てた時の金額がわかれば、建てた時期に応じて建物が劣化した分を差し引いた金額が費用として認められます。

建物がどれだけ劣化したのかについてはあなたの主観ではなく、法律で決められた割合で計算します。例えば木造ならば33年(事業用は22年)で価値はゼロになります。

【譲渡所得の計算例】

Aさんは先祖代々の土地と、その上に建つ築２０年の木造の家（建築費は３３００万円）を売った。その場合、譲渡所得はどうなるか？

※実際には、税制上の優遇措置を受けられる場合などがあるので、
必ず税理士または税務署でご相談を。

先祖代々の土地など、取得費がわからない場合は、売却価格の５％で取得したとみなされる。

先祖代々の土地を売ったら税金はいくらかかるのかしら？

	売却価格	土地の取得費、建物の残存価格と計算式	
土地	1000 万円	50 万円	＜取得費の計算＞ 1000 万円×0. 05=50 万円
建物	1650 万円	1300 万円	＜残存価格の計算＞ 3300 万円÷33×(33-20) =1300 万円
合計	2650 万円	1350 万円	

＜譲渡所得の計算＞
2650 万円－1350 万円=1300 万円
1300 万円－売却費用（仲介手数料や測量費など）＝譲渡所得
★この譲渡所得に対して税金がかかる。
優遇措置もあるため、税額は税務署に問い合わせを。

＜建物残存価格の計算について＞
譲渡所得を計算する際は、木造の家は 33 年で価値がゼロになるという計算をする。
なので、3300 万円の家の場合、1 年間で 3300 万円÷ 33 年＝ 100 万円ずつ価値が減っていくことになる。
A さんのお宅は築 20 年なので、33 － 20 ＝ 13 年分の価値＝ 1300 万円がまだ残っている計算になる。

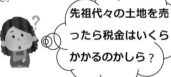

★譲渡所得税を払わなくて済む場合もある

土地代が分からなくても、いくらで家を建てたのかわからなくても、譲渡所得税を払わなくて済んだり、安くなったりする場合があります。相続した実家を売った場合や、親御さんが老人ホームに入居するなどの理由で住まなくなった家を売った場合など、一定の条件を満たす場合です。

これらの場合、譲渡所得税の3000万円控除を受けられる可能性があります。

詳細については、この後説明します。ただし、税制は変わることもありますし、条件が細かく定められていますので、あなたが実際に優遇措置を受けられるかどうかについては、税務署や税理士にご相談下さい。

◆空き家について知っておきたい税金の話

空き家について知っておきたい税金の話は主に二つあります。一つは空き家を持っている場合の税金の話、二つ目は空き家を売る時の税金の話です。

国は増大し続ける空き家の売却や有効活用を促したいと思っています。そこで、空き家を持っている人には増税するなどして〝持っていてもいいことがない〟と思わせ、空き家を売却した人のための優遇税制を創設して〝売ったらいいことがあるよ〟と呼びかけているのです。

★空き家対策特別措置法～空き家を持ち続けていると税金が6倍になる場合もある

テレビなどで大々的に報道されていたのでご存知の方も多いかとは思いますが、平成27年5月26日に、「空き家対策特別措置法」が完全施行されました。これはどういう法律なのかというと、危険な空き家を持っている人には固定資産税の優遇もしないし、場合によっては強制撤去して、その費用を持ち主に負担させるというものです。

これまでは、どんなボロ屋であっても土地に家さえ建っていれば、固定資産税は更地の場合の6分の1ですみました。その優遇税制をやめたのです。また、今にも倒壊しそうなほど危険な空き家の場合には、行政が建物を撤去して、その費用を空き家の持ち主に請求できるようになりました。ですので、相続したけれど使う予定がない空き家を延々と持ち続けていてもよいことはありません。

★譲渡所得の3000万円控除～空き家を売ると譲渡所得税が安く済む

マイホームや空き家を売った場合、3000万円の特別控除を受けられる場合があります。

(1)マイホームを売る場合の「居住用財産の3000万円特別控除」

（老人ホーム入居などで空き家になった家を売る場合も使えます）

(2)相続した空き家を売る場合の「空き家住宅の3000万円特別控除」です。

ただし、それには次のような条件があります。

【3000万円の特別控除を受けるための条件】

居住用財産の3000万円特別控除

★マイホームを売却する場合に使える控除。
老人ホーム入居などで家が空き家になった場合も使える。

条件

①住まなくなった日から3年目の12月31日までに譲渡
②家を壊した場合は、1年以内に売買契約が締結され、なおかつ住まなくなった日から3年目の12月31日までに譲渡

空き家住宅の3000万円特別控除

★相続した実家を売却する場合に使える。

条件

①相続時に被相続人しか住んでいなかったこと
②昭和56年5月31日以前築の戸建て住宅
③相続開始の日から3年後の12月31日までの譲渡
④譲渡価格が1億円以下
⑤相続した後売却までの間、事業用または賃貸用にしていないこと
⑥家が建ったまま売る場合は、耐震基準を満たしていること（満たしていない場合は耐震リフォームしてあること）
※更地にして売っても①～⑤までの条件を満たしていれば可

◆社会福祉法人に土地を売ると、譲渡所得税がかからない場合がある

先祖代々の土地を売る場合、売却価格の5％で土地を取得したとみなされてしまいます。このような場合、その土地に家が建っていれば3000万円の特別控除が受けられる場合もあります。でも、家が建っていない場合や3000万円の特別控除が受けられない場合、譲渡所得税を安くする方法は何かないのでしょうか？

その方法を調べて実践したのが、これからご紹介する高田真由子さんです。

【ケース20】
社会福祉法人に土地を売却したら
譲渡所得税がかからなかった高田真由子さんの場合

高田真由子さんは離婚の際の財産分与として、1000坪ほどの土地の贈与を受けました。ところがこの土地は市街化調整区域だったため、基本的に建物は建てられません。しかも地目が宅地だったので、家が建たないにもかかわらず固定資産税は宅地として課税されるのです。それで

もこれまでは、近所の人に資材置き場として貸す代わりに固定資産税を負担してもらっていました。ところが高田さんが財産分与を受けて3年が経ったころ、借主は事業の拠点をほかに移すことになったため、来年は土地の賃貸借契約を更新しないと言ってきたのです。高田さんは困ってしまいました。このままでは高額の固定資産税を支払い続けなくてはなりません。そこで、慌ててほかの借主を探してみたのですが、なかなか見つかりませんでした。次第に高田さんは、この土地を自分が持ち続け、子供たちに相続させてよいものかどうかと考えるようになりました。土地を借りてもらったとしても、固定資産税分を支払えるだけの賃料しかもらえません。それでも借りてもらっているうちはよいですが、借りてもらえなければ莫大な固定資産税を自腹で支払わなくてはならないのです。結局、高田さんは土地を売りに出すことに決めました。

《高田真由子さんから売却の依頼を受けた際の会話内容より》

高田さん「高い固定資産税がかかる土地を売ってしまいたいのです。子供たちに残してもお荷物になるだけですから」

私「そういうご事情だったのですか」

高田さん「ええ。でも、私も色々と考えてはみたんです。ここの地目はもともと畑だったので、地目を畑に戻してもいいかなって思ったりもしました。そうすれば固定資産税もほとんどかかりませんから。でも、一度地目を畑にしてしまったらもう二度と宅地に戻すことはできないって聞いたので、やめたのです」
私「そうですか。畑だと農家に売るしかないですものね」
高田さん「そうなんです。だから地目を畑にはできないと思ったんです」
私「そうだったのですね」
高田さん「ええ。でも、売れるでしょうか?」
私「ここは成田空港に近いので、事業用としての需要はあるかもしれないです。でも、価格次第とは思いますけれど、ご希望の価格はありますか?」
高田さん「できれば坪3万円くらいだと助かるのですが」
私「んー、その価格では厳しいかもしれません。まず一旦はご希望の価格で出してみて、反響を見てみますか?」
高田さん「はい、そうして下さい」

★市街化調整区域で家が建たない土地を誰が買うのか?

売却を始めると、駐車場を探しているトラック業者や資材置き場を探している業者などから問い合わせが来るようになりました。高田さんの土地の一番の利点は、成田空港まで車で5分という好立地だったことです。こうしたことから、売りに出してすぐ、空港関係の仕事をしている物流業者から、問い合わせが来るようになりました。

ところが売却活動を始めてしばらく経った時、高田さんから「トラック業者はやめてほしい」との申し入れがありました。理由を聞くと、「田舎だから、近所の人に何か言われたら困るのよ」とのこと。朝早くから夜遅くまでトラックが出入りしているとうるさいので、近所から苦情が来るかもしれません。高田さんはそのことを心配したのです。

こうした事情から、トラック業者を含めた物流関係の会社に売ることはできなくなってしまいました。ただ、そうでなくても、トラック業者に売るにはかなりの無理がありました。トラック業者が希望する価格は、高田さんが売りたいと思っている価格の半値程度だったからです。その上、ほとんどのトラック業者は、地目が宅地であることを、非常に嫌がりました。「山林か雑種地がいいんだよね。その方が固定資産税が安いから」とおっしゃる方が多かったのです。

やはり、家が建たないのに宅地として固定資産税がかかる土地を買おうという人を探すのは、かなり無理がありました。ただ、市街化調整区域ならどんな建物も建たないかというと、そうではありません。実は例外もあるのです。

例えば、コンビニエンスストア、接骨院、老人ホームやサービスつき高齢者住宅、あるいはロードサイド沿いならば物流施設が建てられる場合もあります。農家の分家ならば家を建てられる場合もあります。ただしこれらは地域によって基準が違うので、これらの施設がどの市町村でも必ず建てられるわけではありません。

★先祖代々の土地のため、このままでは高額の譲渡所得税がかかってしまうことに

3カ月ほど売却活動を続けた結果、やはり高田さんが希望している坪3万円ではなかなか買い手がつかないことがわかったので、値下げの相談をすることにしました。その時高田さんがもっとも気にしたのは〝手残り〟です。

高田さんに限らず、手残りを気にする売主さんは大勢いらっしゃいます。例えば土地が1000万円で売れたとしても、そこから様々な経費を差し引かなければなりません。大抵は、売却益が出た場合の譲渡所得税と、仲介手数料、契約書に貼る印紙代くらいですが、これらに加えて、測量費や未登記建物の登記費用、残置物（売主が置いて行った物）の撤去費用などを負担しなければならない場合もあります。

手残りを計算するために、私は高田さんに、土地の購入価格を聞いてみました。すると高田さんは、わからないとおっしゃいます。「この土地は、前の夫の先祖代々から持っている土地だから、いくらなのかわからないのよ」と。

この場合、前にも説明した通り、売買価格の5％しか取得費として認められません。私は高田さんに、税務署か税理士に相談するように、と伝えました。

★社会福祉法人に土地を売ると、5000万円の特別控除を受けられる場合がある

高田さんはすぐさま息子さんがお世話になっている税理士さんに相談されたようで、その結果、お隣で介護施設を運営している社会福祉法人に土地を売りたいと言い出しました。

社会福祉法人に土地を売ると、「譲渡所得から最高5000万円までの特別控除を差し引く特例」を受けられる場合があると、聞いてきたからです。

「お隣の介護施設の理事長は、私もよく知っているのよ」と、高田さんはおっしゃいました。あいさつをするだけの間柄ではなく、高田さんは長年、この介護施設でボランティアをしてきました。

そういうことならば邪険にされはしないだろうと思い、私は早速、高田さんが土地を買ってほしいと思っていることを伝えるため、お隣の介護施設に出向きました。理事長はとても親切な方で、不動産屋の私にも丁寧に接して下さいました。そして、隣の土地だからぜひとも欲しいと言って下さったのです。

ところが、それから売却に至るまでには1年という長い期間を要してしまいました。というのは、社会福祉法人や財団法人などの場合、すべてのことを理事会で決めていく仕組みだからです。高田さんの土地の場合、月に一度の理事会で何度も審議した結果、1年がかりでようやく売ることができました。

高田さんはこの取引に大変満足され、「本当によい方に買っていただいて、私もよかったです」

とおっしゃいました。

売却期間中、高田さんはまだ60歳だというのにいつも化粧っ気がなく、ラフな格好をしていました。でも、決済の日の高田さんは違いました。きれいなパステルカラーのスーツに身を包み、ピンク色の口紅をして、ほほ笑んだ姿はまるで桜の花びらのようだったのを、よく覚えています。そして、今回もまた何とか決済ができて本当によかったと思ったものです。

【田舎不動産売買よもやま話⑯】

売主さんが大好きな言葉〝手残り〟と買主さんが大好きな〝諸費用込み〟の調整に苦労した話

三村徹さんは相続した300坪ほどの土地を売ると決め、東京から車を飛ばして畑の真ん中の当社にやってきました。それからすぐに現地を見せてもらい、650万円で売りに出すことに決め、三村さんは帰っていきました。

するとその日の午後、ドッグランを探しているという東京の工藤さん夫婦から連絡があり、私が三村さんの土地を紹介したところ、すぐに見たいとおっしゃいます。そして2時間後、工藤さん夫婦も東京から車を飛ばしてやってきました。

「ここ、買います」

工藤さん夫婦は三村さんの土地を一目で気に入り、購入を決断されました。ところが工藤さんの希望は諸費用も含めて500万円でした。これは、三村さんと決めた650万円の売り出し価格よりも180万円程度安い金額です。

私は工藤さんに、三村さんの売り出し価格は相場よりも若干安めだということや、まだ売り出し前だから値引きに応じてもらえるかどうかは分からないとお伝えした上で、三村さんに打診してみることにしました。売主さんの中には、あまりに失礼な価格を伝えると怒ってしまう方もいらっしゃいます。それで買いたいのに買えなかったという購入希望者も大勢いらっしゃるのです。

ですから三村さんには慎重に話してみることにしたのですが、やはり三村さんの反応は予想通り、「まだ売りにも出していないのに、10万、20万の値引きならまだしも、これじゃああんまりじゃないか」というもの。おっしゃることはもっともですが、三村さん自身の利益になると思い、ここで何とか歩み寄って話をまとめたいと考えました。

田舎の土地は、チャンスを逃せば何年も売れなかったり、場合によっては売れないまま終わってしまうことだってあるのです。だから、ここで断ってしまったりせず、話し合い、歩み寄れる妥協点を見つける必要があることを、三村さんには正直にお伝えしました。すると翌日、三村さんは、「手残り500万円ならよい」と言って下さったのです。この場合、土地代は530万円ほどになってしまい、すべてひっくるめて500万円で買いたいという買主さんのご希望とはまだギャップがあります。今度は買主さんを説得しなくてはなりません。私は、売主さんが大幅に譲歩してくれたこと、この価格であれば相場よりもかなり安いことを説明しました。その結果、話がまとまり、三村さんの土地は売れたのです。なんと、三村さんが当社に売却を依頼しに来てわずか2週間後のことでした。

17章

どうしようもなくなったら、自分で活用してみる

◆お荷物でしかなかった田舎の不動産を金の卵を産む鶏に変えられるかもしれない

田舎の不動産の中には、地目が農地だったり、建築基準法上の道路に面していなかったり、崖の上にある土地だったりなど、様々な理由でどうしても売れない、という場合があります。

このような場合、ただ固定資産税だけを支払い続けるのは無駄なので、大抵の方は役所に寄付しようと考えます。でも、役所ももらってくれないというのが現実です。

では、どうすればよいか？

一番よいのは、自分で家を建てたり家庭菜園をやったりして使うことなのでしょうが、家族の誰も使わないから売ろうと思ったのであれば、残る手段は「貸すこと」「投資すること」です。

これまで、ただ固定資産税だけを払い続けるしかなかった田舎の空き家や土地が、毎月収入を生み出してくれる金の卵を産む鶏に変えられるとしたら？

私は、ボロボロでどうしようもなくなった空き家をいくつも買い取っています。それをリフォームして貸しに出すことによって、毎月安定した家賃収入を得ています。ただ、安く買い取ってはいますが、それでも購入資金はかかります。

でも、すでにお持ちの空き家を貸すのなら、購入資金はかかりません。すでに買ってある土地を駐車場などとして貸す場合も同じです。

発想を転換すれば、お荷物でしかなかった田舎の空き家や土地は、〝年金の足し〟に変えられるかもしれないのです。

ちなみに、貸すことのメリットは測り知れません。私はボロボロの家を買ってリフォームした上で貸していますが、借主さんは「住んでみて気にいったら買いたい」と口々におっしゃいます。借主さんはもっとも有望な買主さん候補なのです。

これから具体的に、どうしても売れなかった土地や建物をどのように利用できるのかについて、いくつか利用方法をご紹介します。

◆転用できない農地でもソーラーシェアリングならば可能

農地を太陽光業者に売る場合には、農地転用の許可が必要です。ただ、前にも説明した通り、どんな農地でも農地転用ができるとは限りません。中には農地転用の許可が得られない農地もあります。

しかし、〝ソーラーシェアリング〟であれば、太陽光が可能です。

これはどういう仕組みかというと、一般的な太陽光よりも高い位置に太陽光パネルを設置して、その下で作物を育てます。こうすることで、農地として作物を耕作しつつ、太陽光パネルの設置が可能となります。

ただ、この方法でやりたい太陽光業者はいません。余計な費用や手間がかかることになるからです。ですので、あなたが自分で太陽光パネルを設置し、その下で作物を育てる必要があります。これを自分でできない場合には、地元の農家などにお願いする必要があります。というのは、耕作の状況について農業委員会にきちんと報告する義務があるからです。それ以外にも、3年に一度、農地の一時転用許可を得なければならないなどの制約があります。

詳細については太陽光業者などに問い合わせをして、きちんと納得した上で投資を行って下さい。

◆狭い土地でも隣の空き地とまとめて貸せば借り手がつく

あなたの土地が狭かったとしても、隣やその隣、そのまた隣まで合わせれば大きな土地になりませんか？　このような場合には、まとめて貸しに出せば借り手がつく可能性がぐっと高くなります。

また太陽光の話になってしまいますが、最近では売電価格が下がってしまっているため、土地を買わずに借りて太陽光パネルを設置したいというニーズも増えています。

実際、私が扱った案件では、道路にまったく面していない谷のど真ん中の小さな土地に、借り手がつきました。太陽光業者が谷の周り一体の土地を借り上げ、谷を埋めて平らにした上で太陽光パネルを設置するためです。

お隣の所有者を探すには、隣の土地の地番を調べて登記簿を取ります。お隣さんの地番はどうやって調べるかというと、一番いいのはその土地を管轄する法務局に行くか電話して教えてもらうことです。

ただ、お隣さんの登記簿を取ったからといって、必ずしも登記簿の住所に隣の土地の所有者が住んでいるとは限りません。手紙を出してみて戻ってきてしまうようならば、その時点でこの方法は諦めるほかありません。

その場合、この章で紹介しているほかの方法を検討してみて下さい。

◆資材置き場や家庭菜園用地、駐車場として貸す

田舎の分譲地の場合、なぜか土地が50坪以下しかなかったりします。こうした分譲地に住んでいる方は、駐車場がなくて困っています。

にもかかわらず、空地の所有者が分からないために買えないでいるのです。で、どうしているかというと、勝手に草を刈って使ってしまっています。

以前、狭い分譲地に住んでいる方から隣の土地を借りたいという相談を受けたことがありました。この方は、隣の土地に物置を置きたいとおっしゃっていました。

このように、狭い分譲地には、ほかの区画も使いたいというニーズがあります。この場合、一

番よいのは自分で行って連絡先を書いた看板を立ててくることです。そうすれば、同じ分譲地内の方から連絡が来る可能性があります。

分譲地以外であっても、資材置き場を借りたい、というニーズは意外とあります。私の会社で管理しているアパートの住人は、便利屋さんとか大工さん、ゴミ処理業者さんなどが結構いらっしゃいます。こうした方々は、駐車場やベランダに資材を置いてしまうため、隣近所から苦情が来ます。

そこで私が資材を置かないようにと電話したところ、「3000円くらいで借りられる資材置き場はないの?」と聞かれました。

ですので、狭い土地であってもこの価格帯であれば、借り手はつくはずです。ただ、不動産屋に頼んでも（仲介手数料があまりにも安すぎるため）仲介はしてもらえないので、自分で看板を立てて借り手を見つけるとよいでしょう。

◆空き家を貸す

★空き家を貸す場合のリフォーム費は、想定家賃収入から逆算して決める

空き家の持ち主が貸すのをためらうのは、お金がかかると思うからです。「あちこち直せって言われたら嫌だから、貸したくない」という方がほとんどです。

でも、あちこち直したとしても、借り手がつけば毎月家賃収入が得られます。最初にきちんと見積もりを取り、水回りを中心に〝貸せる程度に〟直しておけば問題ありません。その際、いくらで貸せるのかを想定した上で、そこから逆算してどこまで直すのかを決めるのがポイントです。家賃3万円でしか貸せないのに、お風呂もトイレもキッチンもまるごと取り替えたりしたら、何のために貸すのかわからなくなってしまいます。

私がお勧めする一定の目安としては、2年程度で回収できる金額を上限とすることです。例えば家賃3万円で貸すのであれば、72万円がリフォーム費の上限です。その中で何ができるのかを考え、借主さんが一番気にするところを直せばよいのです。

例えば、P335のお風呂の写真を比較してみて下さい。

両方とも、かなり古いお風呂ですが、家賃3万円で貸す方は、そんなにお金をかけられません。ですので風呂釜を取り換えて、壁と天井をペンキで塗り、シャワーヘッドや水栓などは新品に交換しました。また風呂釜と床の間に隙間があったのですが、そこはゴミが溜まったりカビの温床になったりして不衛生だと思い、埋めました。タイルも壊れている部分のみ、補修しました。これで費用は約13万円でした。

家賃5万円で貸す方は、買い取り価格が安かったこともあり、思い切ってユニットバスに取り換えました。これは入居希望者の方が内覧された際もポイントが高かったです。

このように、空き家を貸す場合には、いくらで貸せるのかを想定した上で、どこをどのようにリフォームするのかを決めたらよいと思います。

また、最近ではＤＩＹ賃貸というのが流行っています。どこも補修しないで安く貸し、借り手が自由にリフォームするというスタイルの貸し方です。リフォームに予算が割けなければ、こうした方法もないわけではありません。

ただし、設備が使えなかったり雨漏りがしたりする場合は直さないと貸せません。以前、大家さんの希望でボイラーが壊れたまま貸しに出した空き家があったのですが、一戸建てで家賃３万円でも借り手がつきませんでした。ボイラーを直すのに17万円かかるのですが、その費用を負担してまで借りたいという人はいなかったのです。

ですので、ＤＩＹ賃貸といえども、壊れた設備は修理して、雨漏りは直すなど、住むために最低限の補修は不可欠と言えます。

★空き家を貸すなら信頼できる不動産屋を選ぶ

空き家を貸せる状態にするには、修繕やハウスクリーニング費用などがかかります。これをあなたの勝手な判断でやってしまってはいけません。

最近、店舗を貸したいという方から仲介の依頼を受けたのですが、大家さんはすでに畳を新調してしまっていました。大家さんは新聞広告で畳の裏返しを１０００円でやってくれるという業

＜家賃３万円のお風呂リフォーム＞
費用：約 13 万円

風呂釜を取り換え、
水栓やシャワーを新品に交換。
壁と天井はペンキを塗って仕上げ

＜家賃５万円のお風呂リフォーム＞
費用：約 50 万円

お風呂を壊してユニットバスを設置

者に電話して依頼したのですが、ボロボロだから新調しなければならないと言われ、20万円もかかったそうなのです。正直言って、詐欺かと思いました。

しかもこの大家さんは年金暮らしの足しにするために店舗を貸そうとしていたのです。有り余るお金があったから畳を新調したわけではありません。にもかかわらず、20万円もの大金をはたいて畳を新調するなど、もってのほかです。

まずは、信頼できる不動産屋に仲介を依頼して下さい。そうすれば、大家さんに無駄なお金を使わせるようなことはしないはずです。信頼できる不動産屋などないという場合には、何社か当たってみて、大家さんの利益を一番に考えてくれる不動産屋を1社だけ選んで下さい。何社にも頼んでしまうと、何もしてもらえない可能性があるので、田舎の場合はお勧めしません。

★「家賃保証会社」と「特殊清掃・遺品整理つき保険」でリスクヘッジを

ほかにも空き家を貸しに出すのであれば、二つ、お勧めしたいことがあります。一つは家賃保証会社をつけること、二つ目は、単身者には特殊清掃と遺品整理つきの保険に入ってもらうことです。

私は自社で持っている物件と大家さんから管理を委託されている物件は、すべてこの二つを条件にして貸しに出しています。

家賃保証会社は、入居者が滞納した場合でも一定期間、家賃を払ってくれます。滞納が続く場合には強制的に退去させるところまで面倒を見てくれる保証会社もあります。保証会社に支払う保証料は入居者が負担しますので、大家さんの負担はありません。連帯保証人をつけたところで支払ってもらえない場合もありますので、家賃保証会社は必須といえます。

それともう一つお勧めなのが、単身者には特殊清掃と遺品整理つきの保険に入ってもらうことです。通常、入居者には大家さんへの賠償責任がついた家財保険に入ってもらいますが、オプションで特殊清掃と遺品整理がついているものがあります。

日本はこれからますます高齢化していき、それに伴って入居者も高齢化しています。身寄りのない人も多くいます。もしも家の中で孤独死したとしたら、大家さんが特殊清掃や遺品整理などの費用を負担しなければならないことになりかねません。ですので、当社の場合は独身の方には年齢にかかわらず、家財保険にこのオプションをつけていただいています。

◆家を建てて貸す

どうしようもない空地の場合でも、建築基準法上、家が建てられる土地であれば、家を建てて貸すという方法もあります。この場合、2DKの小さな平屋建てを建てるとしても、800万円前後の費用がかかってしまいます。井戸を掘らなければならないとか、浄化槽を設置しなければならないなどということになれば、さらにかかりますので、1000万円前後は見ておく必要があります。

これは、投資として考えた場合には儲かる方法ではありません。あくまで、家を建ててしばらく貸しておき、その後まだ新しい状態で家を売ることによって、本来ならば売れなかったような土地であっても売れるようにすることが目的です。

もちろん、何十年でもずっと貸し続けて年金代わりにするという考え方もあるかもしれませんが、それならば中古の安い一戸建てを買った方が高い利回りが得られます。

いずれにしても、かなりまとまった資金が必要なため、金銭的に余裕がある方や、売れなかったらセカンドハウスにするからいいという方向けの方法です。

【田舎不動産売買よもやま話⑰】

「何も知らないでハンコを押したんだから」という理由で契約の内容を変更してほしいと言われて困った話

私は不動産屋を始める前にいくつか不動産を購入した経験があります。それでも契約に行った際は、いつも不動産屋の説明がちんぷんかんぷんでした。不動産屋は専門用語の解説などすることもなく、「瑕疵担保免責の売買です」とか、「境界非明示です」とか、「道路は二項道路なのでセットバックが必要です」など、淡々と説明していきます。

これでは、不動産の素人には何もわかるはずがありません。それではダメだと思い、私は自分が不動産屋を始めてからは、一つ一つ用語の説明を加えながら、わかりやすく説明することを心がけるようにしています。

吉岡実里さん（売主）の契約の際も、そうでした。専門用語はきちんとわかりやすく説明しました。私はすべて説明し終えると、「何かわからないことはありますか？」と聞きました。吉岡さんは、「だいたいわかりました」と答えました。それから印鑑を押してもらい、無事、契約は済んだはずでした。

ところがそれから数日後、吉岡さんから電話があり、契約書の内容を変更してほしいと言われたのです。

吉岡さんは、土地を実測して売ることに同意していました。登記簿に記載されている面積ではなく、契約後に測ってみた上で面積を確定して売ることにしていたのです。

ところが吉岡さんは、「やっぱり登記簿売買にしてほしい」と言ってきました。私は、「契約の際にきちんと説明し、納得いただいた上で印鑑を押してもらっているのだし、相手もある話だからそのようなことはできないのですよ」と言いました。

すると吉岡さんは、「そんなこと言われたって、私は不動産のことなんて何もわからないのよ」と反論してきました。そして、「私は渋谷さんを信じて言われるままに印鑑を押しただけなんだから」と主張してきたのです。

私は吉岡さんに、どうして実測売買ではダメなのか、理由を尋ねました。

「だって、実際に測ってみたら少ないかもしれないって近所の人から言われたの。そしたら、その分売却代金が減ってしまうでしょ。そんなこと、知らなかったもの」

「でも、実測売買は実際に測ってみた上で清算する方法だということは、説明しましたよ。それでご納得いただいたと思ったのですが……」

「そんなこと言われたって、私は登記簿に書いてある面積と実際に測ってみた面積が全然違う場合があるなんて、思いもしなかったの。だったら登記簿に書いてある面積は何なんだってことよね？」

「そうかもしれませんが、登記簿と実測とが違う場合があるからこそ、違っている場合には清算しましょうというのが実測売買なのですよ」

「そうかもしれないけど、とにかく登記簿売買にしたいの。だから先方にそう伝えてよ」

私が「それはできない」と断っても、吉岡さんは「とにかく、買主さんに聞くだけ聞いてみて」の一点張りです。「聞いてみて、相手がいいって言えばそれでいいんでしょ？」と言って、吉岡さんは譲りません。

私は吉岡さんの願いを聞き入れることはできませんでした。契約した後にいくらでも自分の都合で契約の内容を変更できるのなら、そもそも契約など必要ないはずです。

それでもやはり、私の説明もわかりづらかったのかもしれません。わかりやすく説明しているつもりでも、自分の知識が増えるにつれ、知らず知らずのうちに、わかりづらい説明になっていたのでしょう。確かに、登記簿に記載されている面積と実際の面積が違う場合があるのなら、登記簿の面積は何なんだと思うのは、当然のことです。このようなことは、不動産屋にとっては当たり前でも、一般の方には不思議なことなのでしょう。

これからもっと、わかりやすい説明を心がけなければと思った一件でした。

おわりに

　私には密かな楽しみがあります。町の中を車で走り抜ける時、自分が売買の仲介をした空き地や空き家が活気を取り戻しているのを見ることです。ずっと空き地だった場所に事務所が建ち、駐車場にはずらりと車が並んでいたり、ボロボロの空き家だった家がきれいにリフォームされ、人が住んでいるのを見るのは、私にとって何よりの喜びです。

　こうした光景をたくさん作っていきたい。それが、畑の真ん中で不動産屋を営んでいる私の大きな目標です。地方が生き生きし、その土地ならではの方法で活性化していくこと、自然と人が調和しながら田舎のよさを生かして発展していくこと、それこそ真の地方創生と私は考えます。そんな地方創生の姿を形にするために、不動産屋としてささやかな手伝いができればと思っています。

　ところが現実はどうかというと、私が住んでいる千葉県多古町について言えば、地方創生とは程遠い状況にあります。多古町は、人口1万5千人ほどの小さな町です。毎月、手作り感満載の、まるで学級新聞のような広報が家に届けられるのですが、私はまっさきに最後のページを開きます。そこには町の人口の増減と現在の人口が載っているからです。毎月、マイナス何人という数字を見るたびに、私は危機感を抱きます。

町の人口は、私が6年前に引っ越してきてから一貫して減り続けています。このまま人口が減り続ければ、この地の活力は失われ、最後は再生できなくなってしまいます。それを回避するにはどうするか？　〝固まった土地〟を動かすことが大前提です。〝固まった土地〟とは、相続しても登記もせず、放置し続ける土地のことです。こうした状況が続き、何世代か相続を繰り返せば相続人の数が増えすぎて、もはや誰の土地かわからなくなってしまいます。その結果、誰も手出しできず、放置され続けるほかない土地になってしまうのです。

田舎の不要な土地を売ることは、単に売主さんの固定資産税負担をなくすだけでなく、放置され続ける土地を作らないことにつながると、私は考えます。それは地方創生への小さな布石となるはずだと思うのです。売主さんにとっては〝不要な土地〟あるいは〝困ったお荷物〟であっても、売りに出してみれば思わぬ人が思わぬ利用方法をしたいと考えているものだという現実を、私は数多く見てきました。それは、本書で紹介してきた通りです。

この本が、田舎の不動産を売却しようとしている方の一助となれば幸いです。最後までお読み下さいまして、ありがとうございました。

【困った時の問い合わせ・相談先と方法】

知りたい内容	相談先・方法
地目が何なのか知りたい	・最寄りの法務局で登記簿謄本を取得 ・権利書を持参で法務局に行く
農地転用できるか知りたい	地元の農地転用を専門にやっている行政書士や土地家屋調査士、不動産屋に聞く
農地の種類が知りたい	農業委員会に問い合わせる
都市計画区域内かどうか知りたい	不動産がある自治体の都市計画担当部署に問い合わせる
建築確認を取ったかどうか知りたい	不動産がある自治体の建築担当部署に問い合わせる ※都道府県の土木事務所が担当している場合もあり、自治体に問い合わせる
自分の土地の場所が知りたい	不動産がある自治体の税務課など、固定資産税を徴収している部署で、地番図を取得する
不動産を売った時にかかる税金が知りたい	税務署または税理士に聞く
どこからどこまでが自分の土地なのかわからない	・確定測量をする場合には、土地家屋調査士に依頼 ・売りたい場合は、不動産屋に相談
地域森林計画対象民有林に指定されているか知りたい	都道府県の林業事務所や林業課などに聞く
未登記建物を登記したい	土地家屋調査士に依頼
自分の土地にごみを捨てられて困っている	市町村役場に相談。看板を立ててもらえたり、道路の部分のごみは撤去してもらえる場合がある
認知症になってしまった親の家を売りたい	成年後見人をつける必要がある。 不動産屋に相談すれば司法書士を紹介してもらえる

【田舎不動産の売却を阻む法律と内容】

法律	田舎不動産の売却を阻む理由
農地法	地目が農地の場合、農地転用の許可を得て地目を農地以外に変更できなければ、農家にしか売ることができない
森林法	地域森林計画対象民有林に指定されている0.3ヘクタール以上1ヘクタール未満の土地を開発する場合は、小規模林地開発の届け出が必要。1ヘクタール以上の場合は、林地開発の許可が必要。いずれにせよ、雨水抑制施設の設置などの費用がかかるため、買い手がつきにくいという問題がある
都市計画法と建築基準法	都市計画区域ならば建築基準法が適用されるため、どんな土地でも家が建てられるとは限らない。特に田舎で要注意なのは、建てた当初は都市計画区域外だったのに、売る時は都市計画区域内になった場合。この場合は家が建てられない土地になっている場合あり
崖条例と都市計画法、建築基準法	崖のそばに家を建てる場合には、自治体の条例によって、崖から決められた距離だけ後退した場所に家を建てるか、崖を擁壁で覆う必要がある。要注意なのは、建てた当初は都市計画区域外だったため建築確認を取らずに家を建ててしまった場合で、売る時は都市計画区域内になった場合。この場合、再建築の時には建築確認を取れない場合あり

※崖条例は、建築基準法とは関係なく適用されるため、本来ならば都市計画区域外でも崖のそばに家は建てられない。しかし実際は建ててしまっている家が多い。

みんなの寺のつくり方

檀家ゼロからでもお寺ができた！

「一緒に、お寺をつくらない？」
それは突然のプロポーズから始まった！

お寺の出身ではない夫婦２人が、無宗派、檀家ゼロの状態でイチからつくった「みんなの寺」。お寺って新しくつくれるの？　手続きは？　檀家さん集めは？　収入は？　資金は？　場所は？　建物は？　など、お寺をつくるために知りたいことを、日本一の寺嫁を目指す著者がまとめた一冊。仕事と家事・子育ての両立で悩む女性にもおすすめです。

著　天野和公／価格　￥1300＋税／仕様　並製　288p　四六判
ISBN 978-4-8441-3573-9

渋谷幸英（Sachie Shibuya）

株式会社おひさま不動産代表取締役社長。

宅地建物取引士、元中小企業診断士。10年以上前から主婦のかたわらアパート経営を行う。その経験から不動産会社を起業。

事業用の不動産売買や空き家買い取り再生の事業展開をメインとしているが、畑の真ん中という立地上、どの不動産屋も売りたがらない、田舎の困った不動産売却も多く引き受けることになる。特にシニア世代が「子どもに相続させたくない不動産」、子ども世代が親から相続してしまった「行ったこともない土地」の売却を数多く仲介。

ホームページ　http://www.ohisamafudosan.com

相続した田舎の困った不動産の問題解決します

著　渋谷幸英

発行日　2017 年 3 月 25 日　初版第 1 刷発行

発行人　柳谷行宏

発行所　雷鳥社
〒 167-0043
東京都杉並区上荻 2-4-12
TEL 03-5303-9766 FAX 03-5303-9567
HP http：//www.raichosha.co.jp/
E-mail info@raichosha.co.jp
郵便振替　00110-9-97086

編集　柳谷杞一郎
編集協力　森田久美子

デザイン　望月竜馬
デザイン協力　植木ななせ　石川遼

協力　企画のたまご屋さん
印刷・製本　株式会社　光邦

ISBN 978-4-8441-3717-7 C0033